ZHAIWU YUZHI YU ZHUQUAN ZHAIWU KECHIXUXING YANJIU

债务阈值与主权债务可持续性研究

戎梅 著

东北林业大学出版社
Northeast Forestry University Press
·哈尔滨·

版权专有　侵权必究
举报电话：0451-82113295

图书在版编目（CIP）数据

债务阈值与主权债务可持续性研究 / 戎梅著. —哈尔滨：东北林业大学出版社，2016.12（2024.8重印）

ISBN 978-7-5674-1004-6

Ⅰ. ①债… Ⅱ. ①戎… Ⅲ. ①公债—财政管理—研究 Ⅳ. ①F810.5

中国版本图书馆 CIP 数据核字（2017）第 015614 号

责任编辑：赵　侠　陈珊珊
封面设计：宗彦辉
出版发行：东北林业大学出版社
　　　　　（哈尔滨市香坊区哈平六道街 6 号　邮编：150040）
印　　装：三河市天润建兴印务有限公司
开　　本：710 mm×1 000 mm　1/16
印　　张：14.25
字　　数：178 千字
版　　次：2017 年 9 月第 1 版
印　　次：2024 年 8 月第 3 次印刷
定　　价：55.00 元

如发现印装质量问题，请与出版社联系调换。（电话：0451-82113296　82191620）

前　言

有关主权债务可持续性的理论和实证研究不胜枚举。理论研究大致分为两类：第一类是单变量方法，即通过单个指标分析债务的可持续性问题，如债务余额与 GDP 的比率，该方法要求债务比率不会随着时间发散。第二类是使用跨期预算约束的方法，要求政府当前和未来支出的现值不超过当前和未来收入的现值。实证研究关注的是政府财政收入与财政支出是否具有长期均衡关系，即协整关系。总体而言，已有文献对主权债务可持续性的研究是围绕着中央政府资产负债表进行的。已有研究方法可以检验一个国家的主权债务是否可持续，但不能判定主权债务比率多高才是"安全"的，不能解释为什么不同国家违约时债务比率存在较大差异。

将历史上一个国家处于债务违约或者危机年份的主权债务比率定义为债务阈值，使债务阈值成为可以观测的变量。通过梳理主权债务违约的历史可以总结出以下特征事实：首先，不同国家的债务阈值差异很大，较高的债务比率不一定会引发债务危机，而即使是在较低的债务水平上很多国家也发生了违约；其次，发生债务危机或违约的国家具有经济增速波动下滑、通货膨胀严重的内部经济特征，以及出口增长率下降等外部经济特征；再次，发生债务违约的国家往往具有不利的债务结构。

基于债务违约的特征事实，可以建立债务违约概率模型和债务阈值模型，估算债务违约发生的概率，解释债务阈值差异较大的原因。使用1975年以来发生过债务危机的16个国家的453组数据作为样本点构建债务违约Probit模型，得出的结论是：过重的债务负担和大幅经济增长波动将降低债务可持续性，提高违约概率；提高出口增速和国内融资比重可以增强债务可持续性，降低违约概率。使用同样16个国家处于债务危机年份的175组数据作为样本点构建债务阈值截面模型，结果显示：经济增长对提高债务耐受水平无效；经济增长率的波动和通货膨胀将降低债务阈值，削弱债务耐受水平；提高国内融资比重可以提高债务耐受水平；对外经济制度因素对债务阈值无影响。值得注意的是，是经济增长率的波动而不是增长率本身影响了债务违约概率及阈值的高低，借助通货膨胀避免债务危机的做法会使危机提前到来。

根据建立的债务违约概率模型和债务阈值模型，对美国和日本的主权债务可持续性进行国别研究。结果显示：美国的债务违约概率较低且债务阈值明显高于当前债务比率，因此美国的主权债务是可持续的；日本的债务违约概率极低但是当前债务比率已经超出估算的债务阈值，因此日本目前不会发生主权债务危机但未来会存在一定的风险。

一旦经济体的主权债务比率达到其债务阈值水平，将很可能发生债务危机。政府当局可以通过直接途径（财政整顿、出售资产、外部援助和赖账）或间接途径（金融抑制、经济增长和通货膨胀）将债务比率降到阈值水平之下。利用pool对象建立债务比率面板模型研究经济途径（经济增长和通货膨胀）对降低债务比率的作用，结果显示：

高速的经济增长对降低日本和希腊的债务比率效果显著,而适度的通货膨胀对降低美国、日本和希腊的债务比率作用都很显著。美国的货币宽松政策取得了一定的效果,希腊因没有独立货币政策权而无法实施通货膨胀策略,日本实施宽松货币政策的效果待定。然而,试图通过高速通货膨胀对经济进行短期强刺激的做法是很危险的,因为它可能降低政府的债务阈值,加快债务危机的发生。此外,出口增长率不是降低债务比率的有效途径,经常账户比率上升也未必会导致主权债务比率下降,贸易条件改善对降低主权债务比率起到一些作用,但是作用十分有限。

本书共由八章内容组成。

第一章是导论部分。导论部分介绍了本书的研究背景,阐述了选题的理论意义及实践意义,展示了作者的研究思路及方法,指出了可能的创新及存在的不足。

第二章是文献综述。该部分梳理了已有文献有关主权债务可持续性的研究成果。该章分四部分进行。首先,阐述政府债务可持续性的内涵,从理论性定义和操作性定义两个方面分别介绍政府债务可持续性应满足的条件。其次,介绍政府债务可持续性的理论评估方法,具体有债务比率法、现值预算约束法和债务阈值法三种。再次,介绍政府债务可持续性的经验检验方法,包括债务平稳性检验和财政收支协整性检验。最后是评论性结论,概括已有文献关于政府债务可持续性研究的关键成果,并给出几点评论,指出未来相关研究的改进方向。

第三章是对历史的回顾。该部分从中世纪晚期债券市场萌芽及意大利银行业的兴起开始阐述,因为意大利的金融业关系到历史上最早期的外债违约,那便是英格兰王室的债务违约。对主权债务违约历史的梳理是从中世纪晚期开始的,本章回顾了14—21世纪历次债务违约的年份和国家,并且开辟了9个专栏具体描述历史上典型的债务违约或者债务危机的案例。该章内容把债务违约历史划分为三个阶段：14—18世纪、19—20世纪，以及21世纪。21世纪的债务危机单独作为一个小节来阐述，因为21世纪的债务危机涉及的都是发达国家（除了2001年的阿根廷），它们目前还都没有发生真正的债务违约，但是学者们普遍认为最近一轮债务危机的波及范围及影响程度都不亚于20世纪30年代的大萧条，美国、日本及欧元区重债国的债务走向势必影响全球经济。

第四章是主权债务危机的特征事实。该部分概括了历史上债务违约发生时的国内外宏观经济因素的变化、债务结构特征以及汇率制度安排，是本书的重点之一，是进行债务阈值研究的基础与依据。本章从以下几个方面阐述了主权债务危机或者违约发生时的特征事实：第一，很多国家多次发生债务违约，不管是新兴市场国家还是发达国家新兴市场阶段，都经历过多次违约。早期债务违约与战争或政治因素有关，后来的债务违约与政府执行其宏观调控职能有关。第二，违约国家的债务阈值差异较大。债务阈值是一个"安全"的临界值，在本书中被定义为国家发生债务违约或者危机时的债务比率。分析历史上各国违约时的债务阈值，可以发现欧盟《稳定与增长公约》中规定的60%的债务"门槛"并不是普遍适用的。第三，发生主权债务危机的国家具有经济增长缓慢、通货膨胀严重的内部特征。经济增长缓慢表现在债务违约年份及违约的前三年出现伴随波动的经济衰退；通货膨胀问题在债务违约之后更加严重，且内债违约比外债违约时的通货膨胀更加严重。第四，发生主权债务危机的国家经历了出口增长率下降、经常账户逆差和贸易条件恶化的冲击。第五，债务结构不佳，表现在短期债务占比过高、过度依赖外部融资、私人部门债务增长过快。第六，债务危机倾向于发生在采用固定汇率制度和钉住汇率制度的国家。

第五章是主权债务可持续性的理论机制探讨。该部分从以下四个方面进行：一是国内宏观经济因素对债务可持续性的影响，包括经济增长率及其波动、通货膨胀水平。经济增长状况较好时，有利于维持较高政府债券价格及较低的债务利率，因此债务状况也较好，反之债务状况较差。通货膨胀可以降低债务本金的实际价值，降低政府债务的实际利率，对债务人有利。然而一旦债权人意识到这一点，将会抛售政府债券，威胁到主权债务的可持续性。二是对外宏观经济因素对债务可持续性的影响，包括出口增长率、经常账户比率及贸易条件。这三个因素对主权债务可持续性的影响是通过对外部可持续性的影响进行的，它们影响了政府及私人部门偿还外债的资金来源，进而影响了债务可持续性。三是债务结构对债务可持续性的影响，分析了总外债比率及债权人结构对债务可持续性的影响。四是汇率制度安排对债务可持续性的影响，分析了汇率制度的选择与债务危机的发生有何关联，并分别阐述了固定汇率制度和浮动汇率制度在避免和应对债务危机方面的优劣。

第六章是主权债务可持续性的实证研究。该部分建立了两个模型：一是债务违约概率模型。以1975年以来曾经出现主权债务危机或者违约的国家为样本，收集了453组数据，建立一个二元选择模型（Probit模型），研究债务比率、经济因素、债务结构和制度因素对债务违约概率的影响。二是债务阈值模型。引入影响债务阈值的四类相关变量，即宏观经济因素、外债负担、债务结构以及汇率制度，使用16个国家的175组数据作为样本点建立截面方程，研究这些因素对债务阈值高低的影响。在这两个模型的基础上，本章还对主权债务可持续性进行了国别研究，分别采用已有文献提供的检验方法（债务比率检验、财政收入和支出协整检验）和本书提出的计量方法（债务违约概率、债务阈值）检验美国和日本的主权债务可持续性。使用传统检验方法和本书计量方法得到的检验结果基本一致，不同的是，用本书提出的计量方法可以估算国别债务阈值。

第七章进一步探讨能够降低债务比率的方法。一旦一个国家的主权债务比率达到阈值水平，将很可能发生债务危机。解决债务危机的途径有直接和间接两种。直接途径就是一经实施便可立即将债务比率降至阈值以下的途径，包括财政整顿、出售资产、外部援助和赖账（违约）。间接途径是指通过间接的手段降低政府偿债成本或者提高政府偿债能力的途径。间接途径包括行政途径（金融抑制）和经济途径（经济增长和通货膨胀）。该部分阐述了各种解决债务危机途径的可行性与利弊，并详细分析了金融抑制和经济途径解决债务危机的有效性。

第八章是结论与展望，总结了本书得到的主要结论，并进行了简要的评论。

目　　录

第一章　导　论 …………………………………………………… 1
第一节　研究背景与意义 ………………………………………… 1
第二节　研究思路与方法 ………………………………………… 8
第三节　创新与不足 ……………………………………………… 10

第二章　主权债务可持续性研究综述 …………………………… 12
第一节　主权债务及可持续性的概念和内涵 …………………… 12
第二节　主权债务可持续性的理论评估方法 …………………… 19
第三节　主权债务可持续性的经验检验方法 …………………… 31
第四节　结论性评论 ……………………………………………… 36

第三章　主权债务危机：历史与现状 …………………………… 44
第一节　中世纪晚期债券市场萌芽及意大利银行业兴起 ……… 44
第二节　14—18世纪新兴欧洲国家的多次违约史 ……………… 48

第三节　19—20世纪主权债务违约：全球视角 …………… 53

第四节　主权债务危机现状 ……………………………………… 61

第四章　主权债务危机的特征事实 …………………………… 69

第一节　多次违约与债务不耐 …………………………………… 70

第二节　债务阈值迥异 …………………………………………… 76

第三节　国内经济特征 …………………………………………… 84

第四节　对外经济特征 …………………………………………… 96

第五节　债务结构特征 …………………………………………… 108

第六节　汇率管理 ………………………………………………… 116

第五章　主权债务可持续性的理论机制 ……………………… 120

第一节　国内宏观经济因素 ……………………………………… 120

第二节　对外宏观经济因素 ……………………………………… 124

第三节　债务结构 ………………………………………………… 128

第四节　汇率制度 ………………………………………………… 134

第六章　主权债务可持续性的实证研究 ……………………… 139

第一节　债务违约概率 …………………………………………… 139

第二节　债务阈值的决定 ………………………………………… 149

第三节　主权债务可持续性的国别研究：美国 ………………… 159

第四节　主权债务可持续性的国别研究：日本 ………………… 168

第七章　主权债务危机解决途径 …… 177
第一节　直接途径 …… 177
第二节　间接途径 …… 181
第三节　对金融抑制的深入探讨 …… 186
第四节　对经济途径的深入探讨 …… 193

第八章　结论与展望 …… 202
第一节　主要结论 …… 202
第二节　研究展望 …… 205

参考文献 …… 208
后　记 …… 215

第一章 导 论

第一节 研究背景与意义

一、研究背景及实践意义

2007年,世界上最大的发达经济体美国爆发了次贷危机。为了刺激经济增长,尽快走出危机,联邦政府一方面扩大财政支出,另一方面发动了三轮量化宽松政策。扩张的财政政策和扩张的货币政策都是源于凯恩斯主义政府"看得见的手"的干预思想。财政政策干预使联邦政府的财政赤字急剧增加,主权债务负担愈发沉重。美国的债务比率由2008年的69.7%一路攀升到2013年的106.5%,是第二次世界大战以来的最高水平。据美国国会预算办公室(CBO)估计,这一水平还会继续上升,到2014年这一比率会上升到该次的最高峰,达到107.3%。

尾随着美国次贷危机而来的是欧元区的主权债务危机。2009年上半年,全球经济有所起色。正当人们猜测经济复苏已经到来时,一场新的金融风暴席卷了欧洲大陆,欧元区国家纷纷陷入主权债务危机的泥淖。欧元区的财政赤字比率和主权债务比率虽然没有比美国更加严重，但其引发的国际社会担忧却比美国主权债务危机更有分量。

2009年10月，希腊政府宣布该国政府财政赤字和公共债务占国内生产总值的比例预计分别达到12.7%和113%，远超欧盟《稳定与增长公约》中规定的3%和60%的上限。同年的12月，惠誉（Fitch）首先将希腊的主权债务评级从A−降至BBB+，此后穆迪（Moody's）和标准普尔（Standard & Poor's）也分别下调了希腊的主权债务评级，标准普尔甚至在2010年的4月将希腊长期主权信用评级从BBB+调至BB+。希腊政府被认为未能采取足够的措施削减财政赤字，加深投资者的疑虑，希腊国债的收益率加剧上升，政府财政问题雪上加霜，债务不可持续在所难免。与希腊一样出现财政赤字与公共债务问题的国家还有葡萄牙、爱尔兰、意大利和西班牙。

自2007年美国次贷危机爆发到欧洲主权债务危机问题愈演愈烈，国际社会对此给予了广泛的关注。本书开始写作之时，阿根廷已经再次陷入主权债务危机。一些学者把21世纪头十年后期出现的全球性金融危机与20世纪30年代的大萧条相提并论，认为此次金融危机的波及范围、破坏力和持续时间都超过了20世纪的大萧条时期，并称其为"第二次大紧缩"[①]。但是如果考察主权债务危机的历史可以发现，此次的欧洲主权债务危机不过是沧海一粟。主权债务违约不是近两个世纪才发生的事情，也不是发展中国家才会遭遇的灾难。早在13世纪晚期，意大利的热那亚、佛罗伦萨和威尼斯城邦已经出现了发展成熟的金融市场，而那时也发生了最早的国际债务危机[②]。

---

① 莱因哈特（Carmen M. Reinhart）和罗格夫（Kenneth S. Rogoff）将金融危机分为四种类型：主权债务危机、银行危机、汇率危机和通货膨胀危机。本书所研究的主权债务危机是金融危机的一种类型。

② 历史学家卡罗·奇波拉（Carlo Cipolla）认为，第一次真正的国际债务危机源于13世纪末意大利商人向英国提供的贷款。

发展中国家是债务危机发生概率最高的国家。最早期的债务违约发生于欧洲新兴市场经济体，如英国、法国、西班牙等，它们如今成了世界上主要的发达国家。19 世纪以前，主权债务危机都是在这些当今的发达国家发生的。进入 19 世纪以后，随着拉美地区国家大量独立，拉美国家开始在债务危机历史中扮演起重要的角色。当然不可否认的是，20 世纪亚洲和非洲国家独立潮之后也发生了多次主权债务危机及对内对外违约。进入 21 世纪，债务危机的威胁再次转到了发达国家地区，美国、希腊、爱尔兰、意大利、西班牙等欧美发达国家都没能逃避债务危机的侵扰。总而言之，发展中国家（包括新兴市场经济体）是债务危机的主要滋生地，但是发达国家也没有摆脱债务危机的威胁。

虽然很多国家在发展历程中都没有避免主权债务违约的威胁，但是并不是所有的债务危机都一样。从债务危机或者违约发生年份的债务比率来看，一些国家发生债务违约时的债务比率非常高，超出了 100%；一些国家（通常是新兴市场经济体）发生违约时的债务比率却比较低，并未超过欧盟《稳定与增长率公约》中规定的 60%；个别国家高债务比率与低风险并存，如日本；还有一些国家从未出现过债务违约，例如澳大利亚、新西兰、丹麦和泰国等。危机是否发生，取决于政府的偿付能力和流动性状况。一个国家会在多高的债务水平上出现违约，这与违约发生前国内外宏观经济形势及风险相关。

因此，要了解主权债务危机发生的原因，并弄清楚主权债务可持续的条件，最好的方法是从债务违约的历史开始。通过梳理主权债务违约的历史，分析主权债务违约国家所具有的特征事实，可以发掘影响债务阈值高低的主要因素，进而推导出一个国家在多高的债务水平上是安全的。基于债务阈值的主权债务可持续性研究为我们理解和预防主权债务危机提供更广阔的视角。此外，在发生债务危机的情况下可以选择什么样的解决机制，债务货币化是不是一条可行的路径，对宏观经济运行将会产生什么样的影响，这些也是值得深入研究与探讨的问题，对政府政策实施具有重要参考意义。

二、理论意义

债务是经济活动正常和经常的产物。经济中的不同个体、家庭企业和政府，都需要做支出、消费和投资的决策。不管什么时候，只要它们决定支出的额度大于收入，它们必须借入金融资源去弥补这种短缺或者赤字，债务便在那时出现了。当政府的支出超过收入时，它也需要融资弥补赤字。和经济体中的其他个体一样，政府借债也需要债权人相信债务可以连本带息地偿还。使债权人相信债务人会有效地借钱和还钱就是维持可持续的债务。

政府发行债务往往出于两个目的：出于货币政策目的，或者因为政府出现赤字。作为货币政策工具，发行公债是为了降低或者控制货币膨胀，尤其是当外币大量流入本国时，它是一项有用的工具。当政府赤字运行时，支出超过了收入，作为财政工具的公共债务①就很有必要了。赤字可以通过国外融资或者国内融资得到弥补，国内融资和国外融资是相互补充的。事实上，国外融资并不总是可行的，即使可行，也许不足以弥补财政赤字，因此通过国内市场融资是最可靠也最常用的融资途径。

当政府向国内外融资时，也不可避免地产生了债务可持续性的问题。中央政府借贷产生的是主权债务可持续性问题。主权债务可持续

---

① 公共债务与政府债务可以理解为相同的概念，是各级政府借债的统称。本书所研究的对象是主权债务，是以中央政府为债务人的。在我国，地方政府无权发行债务，因此政府债务是指中央政府发行的主权债务。

性问题在研究领域并不是多么新鲜的话题,有关的理论和实证研究不胜枚举。国内外有关主权债务可持续性的理论研究大致分为两类:第一类是单变量方法,即通过单个指标来分析债务的可持续性问题,如债务余额与GDP(或者GNP)的比例。如果债务余额与GDP的比率是发散的,则债务是不可持续的,反之则债务是可持续的。第二类是理论研究采用跨期预算约束的方法,要求政府当前和未来支出的现值不超过当前和未来收入的现值。如此一来,政府在未来产生的财政盈余的现值将足以弥补当前的财政赤字,主权债务便是可持续的。有关主权债务可持续性的实证研究则是考察政府财政收入与财政支出的协整性,即通过检验政府财政支出与财政收入是否具有协整关系(长期均衡关系)来判定债务是否可持续。

已有文献对主权债务可持续性的研究要么是基于对一个国家的经济增长率和债务利率的比较之上进行的,要么是基于对政府财政收入和财政支出的长期关系做出的判断。概括地说,已有文献是建立在财务框架或者会计恒等式的基础上对主权债务可持续性做出的理论分析及实证检验,即围绕着中央政府资产负债表讨论主权债务可持续性。根据已有文献提供的理论分析框架和实证检验方法可以探讨一个国家的主权债务是否可持续,但是这并不能说明主权债务比率多高才是"安全"的,不能解释很多发展中国家"债务不耐"的原因,也不能解释为什么不同国家违约时债务比率存在较大差异。

考察主权债务违约的历史可以发现,几个世纪以来发生的主权债务违约具有一些显著的特征,而不是简单地违反财务或者会计上的指标约束。这些特征事实表现在以下几个方面:

第一,历史数据表明,不同国家在发生债务违约时的债务比率差异很大。较高的债务比率不一定会引发债务危机,即使是在较低的债务水平上,很多发展中国家也发生了违约。历史上有将近一半的债务违约事件是在债务比率低于60%的情况下发生的。根据世界银行《全球发展金融》各年度数据，考察1970—2008年三十几个中等收入国家①违约时的债务水平，发现一半以上的国家债务负担率（债务余额与GNP之比）低于60%。可见，欧洲《稳定与增长公约》中规定的60%的负债率标准并不是普遍适用的。新兴市场国家出现多次违约是由于其"债务不耐"的缘故。"债务不耐"使很多新兴市场国家在债务水平上面临巨大的束缚，即使债务比率对于发达国家来说是可控的。

第二，发生债务危机或违约的国家具有经济增长低迷、通货膨胀严重的内部经济特征。具体表现在：①发生债务违约的国家中超过40%的国家违约年份的实际经济增长率低于零，事实上早在债务违约或者危机发生的前几年就开始表现出低迷的增长，甚至是连续的负增长，还可能伴随着增长率较大幅度的波动。②处于债务违约的国家比例和发生高通货膨胀的国家比例存在惊人的正向联动。1900—2007年通货膨胀超过20%的国家比例与发生外债违约国家的比例之间的相关系数是0.39②，而1940—2007年两个比例的相关系数是0.75，说明现代通货膨胀与债务违约的关系越来越紧密。债务违约的国家中有70%的国家违约当年的通货膨胀率超过10%，通货膨胀率高于50%的国家占据样本国家的30%以上。

第三，发生债务危机或者违约的国家具有出口增长率下降、经常账户逆差和贸易条件恶化的外部经济特征。具体表现在：①债务违约国家进出口贸易通常出现赤字。债务违约发生的前几年，这些国家的

---

① 中等收入国家：世界银行按照人均国民收入对各国经济发展水平进行分组。依照2008年的划分标准，人均国民收入975美元即为低收入国家，人均国民收入高于11 905美元属于高收入国家，其余国家属于中等收入国家。中等收入国家又可以分为中等偏下收入国家和中等偏上收入国家。

② 大萧条时期这一相关系数是0.6。

出口通常持续下滑。即使在债务危机之前出口贸易没有下滑，其出口增长率也往往是下降的。②有数据可考的债务违约国家样本中，不管是拉美国家还是非洲国家，其经常账户自债务危机发生的三年前就出现了大范围的逆差。经常账户逆差的国家所占的比率在违约当年是62%。而在违约发生的前几年经常账户逆差的国家所占的比率更高，达到75%。③发生债务违约的国家贸易条件恶化了。相对于债务违约的前几年，违约当年的贸易条件恶化非常明显。违约国家样本中贸易条件高于100①的国家所占的比率明显下降，而贸易条件低于80的国家所占的比率则大幅上升。这说明主权债务对国际贸易条件非常敏感，尤其是对新兴市场国家更是如此。表现在：世界经济繁荣时，其出口商品价格较高，贸易条件得到改善（初级产品可以获取更高的价格），借款水平攀升；当世界经济萧条时，出口商品价格下跌，违约增加。

第四，发生债务违约的国家往往具有不利的债务结构。具体表现在：①短期债务占债务总额的比率偏高，虽然短期债务利息成本较低，但最容易受经济形势的影响，一旦经济形势发生变化，会影响主权债务的可持续性。②过度依赖外部融资，私人部门可能欠下太多的外债，增加了主权债务的风险，本轮债务危机中欧元区重债五国是很好的例子。③私人部门债务负担较重。由于私人部门信贷增长迅速，私人部门债务比率较高，一旦发生债务危机，私人部门债务可能会被公共部门吸收，增加政府债务风险。

第五，采用固定汇率制度和爬行钉住汇率制度的国家更容易发生债务危机。牙买加体系建立起来之后，采用浮动汇率制度的国家更容易避免金融危机，发生债务危机的国家大都采用固定汇率制度和中间

---

① 价格贸易条件＝出口价格指数/进口价格指数×100。若结果大于100，表明出口同量商品能换回比原来更多的商品，是贸易竞争优势的一种体现。下文的相关数据同理。

汇率制度。20世纪80年代的拉美国家是很好的例子。

通过以上几点债务违约的特征事实分析可以发现，当前对主权债务可持续性的研究是存在缺陷的，因为当前的研究都没有把主权债务可持续性与国内外宏观经济因素、债务结构及汇率制度联系起来，只是简单地考察财政指标的稳定性或者跨期预算约束是否得到满足。要研究一个国家"安全"的债务水平应该是多高，为什么不同的国家具有不同的债务阈值，还需要考察历史上债务危机或违约发生时一个国家面临的国内外宏观经济状况、债务结构状况以及汇率制度选择。因此，联合以上各因素来考察债务阈值的确定，可以弥补已有文献在债务阈值研究上的不足，具有重要的理论意义。

第二节 研究思路与方法

一、研究思路

本书从债务阈值的角度来研究主权债务可持续性问题。在梳理了已有文献关于主权债务研究综述和主权债务违约历史之后，本书的重点从主权债务危机的特征事实开始。将历史上的主权债务违约事件放到一起，可以概括债务违约的整体特征。最显著的一个特征是，历次违约的债务阈值差异较大。不同国家之间，或者同一个国家的不同时期，发生债务违约时的阈值都不相同，且可能差距悬殊。除了债务阈值差距悬殊，还有一些别的特征，即违约之前国内外宏观经济形势恶化、债务结构不合理，以及汇率管理欠妥。总结这些特征事实的最终目的是用它们来解释债务违约发生的原因，以及发生债务违约时阈值差异较大的原因。

本书的核心思路是建立债务违约概率模型和债务阈值模型，前者是为后者服务的，后者则是为了更深入的探讨。通过建立债务违约概率模型，可以证明主权债务比率的高低不是决定一个国家是否发生债务违约的唯一因素，这一点与传统文献不同。在债务违约概率模型的基础上进一步研究为什么不同的国家或同一个国家不同时期债务违约时面临的债务阈值差别那么大。对债务阈值的研究能够帮助我们估算一个国家承受多高的债务比率是"安全"的。

作为对债务阈值研究的延伸，本书探讨了一旦一个国家的债务比率达到债务阈值水平，可以通过什么样的途径来降低它，使它降到"临界值"以下，避免发生债务危机或者解决已经出现的债务危机。研究结果将显示，对于不同的国家，降低债务比率的办法应该是不同的。

二、研究方法

（一）历史文献法

本书采用历史文献的方法梳理了长达几个世纪的主权债务违约历史。从中世纪晚期债券市场萌芽和意大利银行业的兴起开始，到1800年以前新兴欧洲国家的多次违约史，再到工业革命之后欧洲及拉美国家的债务违约史，并陈述了债务危机的现状。对历史的梳理是进行当前研究的基础。

（二）定性分析法

本书采用定性分析的方法阐述了主权债务可持续性的理论机制，分别探讨了国内宏观经济因素、对外宏观经济因素、债务结构因素，以及汇率制度因素对债务可持续性的影响。定性分析为全文提供必要的理论支撑,也为实证研究提供了依据。

(三)统计与计量分析法

本书采用统计的方法概括了历史上债务违约发生时所具有的特征事实,包括债务阈值的分布、国内外宏观经济因素的变动、债务结构状况等。利用计量回归的方法,建立二元选择 Probit 模型估算主权债务违约的概率;建立债务阈值截面模型寻找决定阈值高低的主要因素;建立债务比率面板模型探索降低债务比率的有效途径。

第三节 创新与不足

一、可能的创新

一是较为全面地概括了主权债务危机的特征事实,包括债务阈值差异、违约年份的国内外宏观经济因素变动和债务结构状况等。这些特征事实较好地展现了债务危机的全貌,为后面理论分析和实证研究奠定了基础。

二是建立了债务违约概率(Probit)模型,分析影响债务违约概率的主要因素,得出未违约样本与违约样本的债务违约概率分布,以及两组样本的债务违约概率均值、中位数等统计量。对于任何一个国家,估算出债务违约概率值,并与样本均值做比较,可以大体上判断该经济体是否发生债务危机或违约。

三是建立了债务阈值截面模型，根据不同的债务阈值对应着的不同变量值，寻找决定债务阈值高低的主要因素。根据债务阈值模型的估计结果，可针对给定的国家估算出其债务阈值水平，并与实际债务比率（观测值）相比较，判断债务是否可持续。

四是建立了债务比率面板模型，利用 pool 对象估算固定效应模型、变截距模型及变系数模型，通过检验选出最合适的模型形式，建立债务比率方程。根据截面成员的显著解释变量，判断针对不同国家降低债务比率的有效途径。

二、不足之处

一是缺乏系统成熟的理论。本书的理论部分，对主权债务可持续性的机制探讨缺乏系统成熟的理论作为支撑，主要基于作者的个人见解进行理论阐述和机制探讨。囿于作者水平，本书的第五章理论部分难免分析得不够透彻。

二是对债务违约特征事实的概括不够深入。不同的国家及同一个国家的不同时期，面临的债务阈值应该都是各不相同的。不同债务阈值水平是否对应着不同的特征事实，缺乏更进一步的发掘和归纳。

三是由于数据的不可获得性，一些重要指标没有放到模型里面去，比如债务期限结构。还有个别指标取的是替代性指标，例如对国内资源的依赖程度不是用"主权内债/主权债务总额"来表示，而是用"主权债务/外债"来表示债务融资来源结构。由于缺少一些重要变量，模型估算结果的精确度受到影响。

第二章 主权债务可持续性研究综述

近几十年来,国内外有关主权债务可持续性的研究不胜枚举。大多数研究都是在封闭经济条件下进行的,主要关注债务比率的演化路径是否收敛,或者政府是否满足现值预算约束。还有一部分研究在开放经济条件下进行,对外债可持续条件进行了理论推导和实证检验。本章对已有债务可持续性研究进行了梳理,内容安排如下:第一部分对主权债务及可持续性定义进行阐述;第二部分考察封闭经济条件下的债务可持续性理论框架及实证检验;第三部分讨论开放经济条件下的可持续性问题。

第一节 主权债务及可持续性的概念和内涵

与一般的公共债务不同,主权债务是一个国家的中央政府的负债。主权债务由主权内债和主权外债构成,但是与内债和外债的概念又有所不同。因此,在对主权债务可持续性下定义之前,首先要理清主权债务的相关概念。

一、主权债务相关概念界定

（一）主权债务与公债的联系和区别

简单地说，公债就是一个国家的公共部门所欠的债务。按照公共部门覆盖范围的差异，对公债的概念有两种见解：一种见解认为公债是公共部门的借贷需求，其范围限定于整个公共部门对私人部门及一个国家的公共部门对外国经济主体（包括外国的公共部门和各种私人部门）的负债。这里整个公共部门包括政府部门及相关职能机构（如财政局、教育局等）、公有制企业、公益团体（如学校、医院等）。需要指出的是，公共部门之间的相互借贷不纳入公债范畴，而只被看作资源在公共部门内部的调剂。另外一种见解认为公债的主体是典型的公共部门，即政府部门。公债的范围限定于政府部门对本国非政府部门以及对外国经济主体的负债，包括政府向企业、居民的借款。[①]

比较上面两种有关公债概念的见解可以发现，第一种见解所包含的范围更加完整。然而在实际研究中，为了理论分析和实证检验的可操作性，往往采用第二种见解，将公共债务理解为政府部门的负债。按照债务主体级别的不同，公债又可以分为地方政府债务和中央政府债务，后者就是本书要探讨的主权债务。主权债务（sovereign debt）是一种重要的国家信用[②]，以一个国家的中央政府为债务主体，与债权人产生相应的权利和义务关系。

---

① 龚仰树．国债学［M］．北京：中国财政经济出版社，2000：4．
② 国家信用泛指以国家为主体的借贷行为，既包括国家作为债务人的情况，也包括国家作为债权人的情况。

（二）主权债务与内债和外债的联系与区别

按照债务关系中债权人居住地和国籍的差异，主权债务可以分为主权内债和主权外债。主权内债是一个国家的中央政府向境内本国居民举借的债务；主权外债是一个国家的中央政府向境外非本国居民举借的债务。需要强调的是，主权内债不同于内债，主权外债不同于外债。因为内债既包括政府举借的国内公债，也包括企业、私人在国内举借的债务；同理，外债也是由国外公债和国外私债构成的。

由于外债的定义比内债更加复杂，本书有必要对外债的定义给出详细的说明。由世界银行、国际货币基金组织、国际清算银行和经济合作与发展组织编写的《外债定义、统计范围和方法》给出的外债核心定义（core definition）是："外债总额是指在任一时点上，一国居民对非居民的已经拨付但尚未偿还的契约性负债余额。这种负债需偿还本金并支付利息，或只还本不付息，或只付息不还本。"中国国家外汇管理局发布的《外债统计监测暂行规定》（以下简称《规定》）把外债定义为"中国境内的机关、团体、事业单位、金融机构、企业或者其他机构对中国境外的国际金融组织、外国政府、金融机构、企业或者其他机构用外国货币承担的具有契约性偿还义务的全部债务"。《规定》指出，"借款单位向在中国境内注册的外资银行和中外合资银行借入的外汇资金视同外债""在中国境内注册的外资银行和中外合资银行向外借入的外汇资金不视为外债"。根据四大国际金融机构的核心定义和我国国家外汇管理局给出的定义，界定外债的主要原则是债权人的国籍。一般来说，主权内债在国内以本币计价，主权外债在境外以国际货币（通常是美元）计价。但是美国的情况比较特殊，由于美元是主要的国际货币，其外债往往也是以美元计价。

二、主权债务可持续的定义

可持续性与政府债务的过度积累有关。18世纪，Smith曾经指出，历史上富有各种高价奢侈品的商业国君主过度追求奢靡的生活，平时没有节约，到战时只好被迫借债。"这种国家的政府，极易产生这种信念，即在非常时期，人民有能力把钱借给它，而且愿意把钱借给它。它预见到借款的容易，所以在平时就不孜孜于节约……巨额债务的增积过程，在欧洲各大国，差不多是一样的；目前各大国国民，都受此压迫，久而久之，说不定要因而破产！"[①] 20世纪20年代，Keynes在写到法国面临的公共债务问题时提到，法国政府需要采取可持续的财政政策，以满足其预算约束。Keynes指出，当"国家的合同债务达到国民收入过多的比重时"，债务将不可持续。

Smith和Keynes都没有正式给出政府债务不可持续的概念，但是都指出了过度举债的不利影响，即债务将会不可持续，甚至国家将会破产。因此，债务可持续性回答的是一个令人迷惑但是又很简单的问题：什么时候一个国家的债务大到不能全部偿还的地步？关于债务可持续性内涵的界定问题，目前学术界仍未能给出一个较清晰的答案，也缺乏一个广受认可的衡量债务可持续的指标，导致债务可持续性的评估备受挑战。一般而言，对债务可持续性这一问题的考察包括对外债务和公共债务两方面内容，外债通常与经常账户余额的变化相联系，而公共债务通常与政府的基本预算余额状况的变化相联系（Wyplosz，2007）。

[①] 亚当·斯密. 国民财富的性质和原因的研究（下卷）[M]. 郭大力，王亚南，译. 北京：商务印书馆，2009：485.

在主权债务可持续性基本内涵的界定方面，有多种竞争性的定义。国际货币基金组织（IMF）、欧洲中央银行（ECB）和一些学者给出了主权债务可持续的定义。归纳起来，可以分为理论性定义和操作性定义两类。

（一）理论性定义

关于主权债务可持续性的理论性定义主要来自 IMF(2002) 和 ECB(2012)。IMF(2002) 基于预算约束的角度给出债务可持续的条件：在给定融资成本且没有出现重大调整（major correction）的情况下，如果债务满足可清偿性（solvency）条件，则其是可持续的。这里的"重大调整"指的是严厉的支出削减或大幅的收入提升。其中，债务可清偿性是指未来的基本账户盈余应足够的大，以至于能够偿还债务的本金和利息。更为技术性的表述是，债务可清偿性要求当前债务与未来所有支出的现值之和不大于未来所有收入之和的现值，或等价地说，当前债务不应超过未来收入减去非利息支出后的现值。

IMF（2002）的可持续定义包含了偿付能力和流动性两方面内容。偿付能力通常被作为可持续性的代名词，定义为"当前和未来支出的贴现值不大于当前和未来收入扣除早期债务的贴现值"。政府的偿付能力可以用数学不等式表示为

$$\sum_{i=0}^{\infty} \frac{E_{t+i}}{\prod_{j=1}^{i}(1+r_{t+j})} \leqslant \sum_{i=0}^{\infty} \frac{Y_{t+i}}{\prod_{j=1}^{i}(1+r_{t+j})} - (1+r_t)D_{t-1}$$

其中，$\sum E_{t+i}$ 代表未来主要支出的总和，$\sum Y_{t+i}$ 代表当前和未来收入的总和，D_{t-1} 是初始债务存量，$\prod(1+r_{t+j})$ 是支出和收入贴现率的乘积。

关于流动性，无论一个国家是否满足偿付条件，如果它的流动

性资产和可能获得的融资不足以对付或者周转到期债务，则该国流动性不足。①

显然，IMF的债务可持续性定义的要求比债务可清偿性的更为严格。这主要体现在IMF定义的两个限定条件：一是消除基本账户余额的"重大调整"。"重大调整"可能是指支出大幅缩减或收入大幅增加。从而，这一定义包含了流动性约束问题，国内外融资渠道枯竭，需要进行严格的调整。二是融资成本（financing cost）给定。融资成本通常随时间变化而变化，是不可预测的。融资成本在债务危机时会上升，从而产生恶性循环。需要指出的是，"重大"是一种主观判断，这意味着IMF的定义具有一定的模糊性。

与IMF（2002）类似，ECB（2012）也是基于偿付能力给出政府债务可持续性的定义：政府积累的债务在任何时候均可被及时清偿，政府具有偿付能力和流动性。偿付能力是一个中长期的概念，要求政府满足其现值预算约束，保证政府未来基本财政盈余至少与政府债务存量一样大。流动性是一个短期概念，指一国政府进入资本市场筹集资金，确保偿还即将到来的短期债务的能力。

Arrow（2004）将债务可持续性定义为一个实体（政府或国家）的净财富，即收益的现值与当前债务的差额处于不再下降或弱增长的状态。与IMF（2002）和ECB（2012）的定义相比，Arrow的定义有两点不同：第一，它不要求可清偿性。可清偿性的条件是净财富非负。Arrow的主权可持续的定义并不排除初期的净财富为负，只要净财富维持增长，并最终变为非负数，便可满足可清偿性的条件。第二，它没有为债务水平设置具体的门槛。债务门槛是一个操作性强的

---

① 偿债能力和流动性的概念有时候模糊不清。流动性不足的情况下债券的利息率必然是上升的，个别情况下再度融资出现困难，边际利率可以无穷大，最终对一个国家的偿付能力造成影响。

概念。如果门槛是保守设定的,这一概念就比较严格(demanding),但如果债务门槛的设定水平不具有约束性,这一定义将失之于空泛。IMF 的定义严重依赖于可清偿性和没有具体限制的"重大调整",需要获取关于未来债务变化的大量信息,可操作性差。如果忽略基本账户余额(primary balance)现值的不可观测性,并要求债务占 GDP 比率处于稳态路径(stationary),Arrow 的概念便具有较强的可操作性。由于在实践中难以对稳态进行评估,这一定义通常要求债务 GDP 比率处于一个下降的趋势。不过,这并没有消除政府债务偶然性、暂时性的增加。

(二)操作性定义

实际操作中可持续性分析很少基于偿付能力的理论概念。他们经常关注债务比率的变化。Akyüz(2007)认为财政可持续性的概念出于这样一种观点:相对于国民收入而言公共债务不能一直增长,因为那将要求政府不断增加税收并减少商品与服务支出。当政府债务的实际有效利率超过 GDP 实际增长率时(也就是说,增长调整后的实际有效利率为正),债务比率将要上涨,除非有足够的基本财政预算盈余(包括铸币税在内的政府收入与不包括利息支付在内的主要支出之间的差异)。

主权债务可持续典型的操作性定义来自债务比率阈值。例如,欧洲的《马斯特里赫特条约》(1991)和《稳定与增长公约》(1997)将一个国家的财政赤字率和债务比率限定在一定的数值之内,超过限定值的债务比率将被认为是不可持续的。债务阈值的方法在欧洲被普遍使用,尽管它很武断。

将以上所述几种定义方法概括在一个表格里便一目了然了,见表2-1。

表 2-1 债务可持续性的理论性和操作性定义

定义类型	定义内容
债务可偿还性（serviceability）	可清偿性（solvency）且不存在非流动性。当债务在某一特定时点不能还本付息时，非流动性便出现了
债务可持续评估（DSA）	$d_t \leq \bar{d}$，其中，d_t 为 t 时的债务比率，$\bar{d}$ 为债务阈值
IMF（2002）	可清偿性且不需做出大的调整
ECB（2012）	政府债务在任何时候均可被及时清偿，政府具有偿付能力和流动性
可清偿性	在长期中，d_t 的现值将变得接近于零，即 $\lim_{t\to\infty} d_t/(1+r)^t = 0$，其中，$r$ 为实际利率。一个等价的定义是，基本账户余额的现值大于等于 d_t
Arrow（2004）	净财富，即基本账户余额的现值减去 d_t 的差，不随时间的变化而下降
债务稳态性	d_t 不会无限制增长，或者 d_t 弱（weakly）下降

第二节 主权债务可持续性的理论评估方法

主权债务可持续性的理论评估方法有三种：一是债务比率法，在会计恒等式的基础上推导债务比率方程，并探讨决定债务比率高低变化的主要因素；二是现值预算约束（present value budget constraint，PVBC）法，在债务方程的基础上通过迭代的数学方法推导出债务可持续的动态条件；三是债务阈值法，通过估算政府的最佳债务规模或者债务耐受水平设定主权债务门槛。

一、债务比率

(一) 封闭经济

封闭经济条件下,政府部门只有内债,没有向国外借款或者发行债券。如果税收收入超过了政府当前支出,则政府享有基本盈余;反之则是基本赤字。"基本"指的是税收及政府支出流,包括长期结构性支出(如军事开支或者基础设施)和周期性支出(如失业救济金)。基本盈余减去债务的利息支出为整体财政余额,若余额为正,被称为整体财政盈余,反之则称为整体财政赤字。

在基本预算赤字的情况下,政府需要为其支出融资,并支付债务利息。可以通过一个简单的等式来描述政府的静态预算约束(Chalk 和 Hemming, 2000; Bohn, 2005; Draksaite, 2011):

$$G_t + i_t D_{t-1} = T_t + (D_t - D_{t-1})$$

等式左边表示政府支出(含债务利息),等式右边表示政府收入(含新增债务)。其中,G_t 是政府支出,T_t 是政府收入,D_t 是债务存量,i_t 为债务利率。对上述等式略加变换后得到:

$$D_t = (1 + i_t) D_{t-1} - PS_t \qquad (2\text{-}1)$$

其中,PS_t 是 t 期的基本预算盈余(收入包括铸币税,支出不包括利息支出)。式(2-1)表明,政府债务存量的变化受两个因素的影响:一是债务利率;二是基本财政盈余或赤字。当政府实现基本预算平衡时有 $PS_t = 0$,债务余额的增长速度就等于利率;当政府赤字运行时有 $PS_t < 0$,债务余额的增长速度将超过利率;当政府实现基本盈余时则有 $PS_t > 0$,此时债务余额的增长速度将小于利率。若政府各期实现的财政盈余超过利息支出水平,则其债务存量将会逐渐下降,最终趋于零。

为考虑经济规模和通货膨胀的影响，可用名义 GDP(Y_t) 去除公式（2-1）的两边，并令 $d_t=D_t/Y_t$，$ps_t=PS_t/Y_t$，i_t 为债务利率，g_t 为经济增长率，从而债务比率（债务存量与 GDP 的比率）可表示为：

$$\varphi_t = \frac{1+i_t}{1+g_t} d_{t-1} - ps_t \approx (1+i_t-g_t) d_{t-1} - ps_t \qquad (2-2)$$

其中 $\varphi_t = 1 + \frac{i_t}{1+g_t}$，$\varphi_t$ 被称为"贴现因子"，欧洲中央银行（2011，2012）称其为"雪球效应"[①]。债务比率 d_t 的变化主要受两个因素的影响：一是"利率—增长率之差"；二是基本财政盈余或赤字。在给定债务利率、经济增长率和财政盈余比率的条件下，上式仅有两个变量，即 d_t 和 d_{t-1}，二者是线性关系，可在坐标轴中画出 $t-1$ 期与 t 期的债务比率关系。如果贴现因子 φ_t 大于 1，该方程的曲线斜率大于 1，"债务—GDP 比率"将持续增长，反之则下降。因此，当债务利率大于经济增长率时，债务是发散的，反之债务是收敛的。

关于债务比率的演变轨迹，Goldstein(2003) 指出，在其他条件不变的情况下，当年的债务比率越高，经济增长率越低，债务利率水平越高，财政基本盈余越低，则下一年度的债务比率越高。在 Akyüz（2007）看来，只要债务比率不随着时间无限增长，则债务是可持续的。换言之，在政府债务可持续的情况下，债务比率随时间变化是稳定的或者下降的。Draksaite(2011) 认为，债务比率的增加是财政系统脆弱的症状，可能表现为收入渠道较少、税收机制较弱、税收赦免频繁、财政支出刚性，以及次中央级政府的财政安排不够灵活。张春霖（2000）、孙海霞和斯图雅琴（2010）对债务比率动态路径的研究也基本遵循类似的思路。

[①] 欧洲中央银行（ECB）认为，"雪球效应"是导致政府债务积累的主要驱动因素之一。在其他因素不变的条件下，当实际利率水平超过实际经济增长率时，本年债务水平将要上升，未来利息支出的基础将要扩大，利息支出水平不断上升，债务比率 d_t 会像滚雪球似的越积越大。

与大多数文献不同的是，余永定（2000）用解微分方程的方法探讨了债务比率走向。通过求解微分方程，他得出，债务比率（z）受财政赤字率（g）和经济增长率（n）的影响，具体表现为：$z=\frac{g}{n}+C_1e^{-nt}$。该曲线有一条渐近线，给定各变量初始值的条件下可以得出债务比率的极限值或者均衡值。他这一分析方法的特点是将赤字率和经济增速作为债务比率变动的决定性参数，但并未忽略利率的影响。他认为，扩张性的财政政策将提高债务依存度和偿债率，会对利率调整产生压力，进而影响财政稳定性。

（二）开放经济

在开放经济条件下，一国政府可向国外的机构或居民借债，从而，政府赤字融资来源和偿债途径均发生变化。政府发行外债，可以一种或多种外币计价。在以 f 种货币计价的情况下，可以写出类似式（2-1）的一般性债务方程（Ferrucci，Penalver，2003）：

$$\sum_0^F D_t^f E_t^f = \sum_0^F (1+i_t^f) D_{t-1}^f E_t^f - PS_t \qquad (2\text{-}3)$$

其中，E_t^f 是货币 f 的名义双边汇率（本币发行的债务默认汇率为1）。式（2-3）表明，政府本期新增债务（包括以本币和外币计价）用于弥补本期财政赤字和偿还上期债务产生的利息。特别地，假设发行了以两种货币计价的债券，债务比率演化如下：

$$d_t \equiv d_t^d + d_t^f = \frac{1+i_t}{1+g_t}d_{t-1}^d + \frac{(1+i_t^f)(1+q_t)}{1+g_t}d_{t-1}^f - ps_t \qquad (2\text{-}4)$$

其中，债务比率是本币债务与外币债务之和与 GDP 的比率，本币债务的借贷成本是 i_t，外币债务的借贷成本是 i_t^f，g_t 为实际经济增长率，q_t 为实际货币贬值率，ps_t 为基本盈余与 GDP 的比率。式（2-4）可用于分析一个国家总体债务比率的演化路径。显然，以多种货币计价的债务变得更为复杂，债务比率变动不仅受国内利率和经济增长率的影响，还受国际市场利率和汇率变动的影响。

在开放经济条件下主权债务可持续性的分析方面，Ley（2010）的贡献在于，根据债务比率表达式 $d=\dfrac{D^d+eD^f}{P^dY^d+eP^fY^f}$，推导了债务演化方程，分析了汇率变动对债务比率的影响。如果内债与外债的比率等于非贸易部门产出与贸易部门产出的比率，则债务与产出的构成是相同的，此时汇率变动对整体债务可持续性没有影响；如果内债与外债的比率大于非贸易部门产出与贸易部门产出的比率，汇率变动对债务可持续性有直接影响；在极端情况下，如果贸易部门的产出微不足道，汇率贬值对债务比率的影响最大。

马拴友（2001）建立了包括央行在内的整个公共部门的预算约束式，得出了我国公共部门可持续的赤字水平。财政赤字规模受如下因素决定：经济增速和国债利率的相对大小，出口增长率与国际真实利率和汇率变动之间的比较，通货膨胀和货币发行，现有的内债和外债余额及其增长率。当国内债务占 GDP 比重、外债占出口比重不再变化时，债务趋于稳定，赤字具有可持续性，财政是稳定的。他提出如下建议：在经济增速大于国内利率时发行内债；在出口增速大于国际利率和货币贬值速度之和时发行外债；发行货币（债务）筹资，即铸币税收入。

二、现值预算约束

（一）封闭经济

现值预算约束是在债务方程的基础上得到的，需综合考虑所有财政年度政府应满足的预算约束，属于跨期考察方法。Chalk 和 Hemming（2000）指出，政府必须满足跨期预算约束和每期的静态预算约束。"跨期"的思想是：一旦政府在某期发生财政赤字，未来就必须要实现财政盈余，而且欠债时间越久，未来需要实现的财政盈余规模越高。政府的借贷规模无法直接通过会计恒等式体现出来，而应由"现值预算约束"（present value budget constraint, PVBC）决定。

现值预算约束法是由 Buiter（1984）最先提出。现值预算约束要求政府各期支出总和的现值不能超过收入总和的现值，以达到长期财政稳定的效果。这说明一个国家不能通过借新债还旧债的方式来不停地借债，而必须要满足"非蓬齐博弈"（Non-Ponzi）条件（Greiner 等，2007）。因此，政府必须满足跨期预算约束和每期的静态预算约束。跨期预算约束可由静态预算约束得出（Hamilton 和 Flavin，1985；Bravo 和 Silvestre，2002；Greiner 等，2007），具体表示如下：

令 $R_{t+1}=1+i_{t+1}$，利用式（2-1）向后各期迭代，求解可得：

$$D_t = R(t,t+T)^{-1}D_{t+T} + R(t,t+j)\sum_{j=0}^{T}PS_{t+j}$$

当 $T\to\infty$ 时，债务余额的表达式变成：

$$D_t = \sum_{j=0}^{\infty}R(t,t+j)^{-1}PS_{t+j} + \lim_{T\to\infty}R(t,t+T)^{-1}D_{t+T} \quad (2\text{-}5)$$

其中，$R(t,t+j) = \prod_{k=0}^{j}R_{t+k}$ 是 t 期和 $(t+j)$ 期之间的贴现因子。主权债务可持续性要求政府不能进行蓬齐融资，即式（2-5）中的横截性条件 $\lim_{T\to\infty}R(t,t+T)^{-1}D_{t+T+1} \leqslant 0$ 必须成立。从而，政府的现值预算约束可表示为

$$D_t = \sum_{j=0}^{\infty}R(t,t+j)^{-1}PS_{t+j} \quad (2\text{-}6)$$

在跨期预算约束条件下，可持续性（或偿付能力）要求未来基本盈余的现值必须超过未来基本赤字的现值足够的数额，以弥补初始债务存量与终期债务存量现值的差额（Chalk 和 Hemming，2000）。

（二）开放经济

开放经济条件下，政府外债具有双重身份，既是主权债务的一部分，又是整个国家外债的一部分，从而使主权债务可持续性的分析变得更加复杂，要同时考虑外部可持续性与财政可持续性。

外部可持续性指的是一个国家（包括私人和公共部门）偿还当前和未来外部债务的能力，而不至于拖欠或依赖债务重组及收支平衡表的重大调整。外部可持续性强调经济体需要创造足够多的外汇盈余以偿还和稳定其外债。要使两期之间的外债比率维持稳定或者下降，需要足够的贸易盈余。所需的贸易盈余量随外债比率的上升而提高，随着经济增长调整的实际利率的上升而增加。与基本预算平衡不同的是，贸易盈余不直接与政策相联系，但受到许多进出口变量的影响，尤其是汇率和增长率（Akyüz，2007）。

若将财政可持续性和外部可持续性联系起来考虑，存在以下三种情形：在财政可持续及外部可持续同时成立时，如果净外债（以本国货币表示）比政府债务大，私人储蓄应超过私人投资（现值条件下），以偿还未来外债；在财政可持续而外债不可持续时，私人部门的储蓄不足以偿还外债，私人部门净外债比国外利率增长得快（私人部门将外债展期），如果宏观经济政策不转变的话，外债可能违约；在外债可持续而财政政策不可持续时，政府通过发行国内债务为过多的赤字融资，若财政政策不改变，政府将不可避免地对国内债务违约（Chalk，Hemming，2000）。

三、债务阈值

债务阈值是这样一个比值，即在保证一个国家能够按期偿还其债务本金和利息的前提下，其主权债务余额与经济总量的最高比率。因此，债务阈值是一个安全的临界值，起到"门槛"的作用。不高于临界值的债务水平是安全和可持续的债务水平，不会对本国经济和债权人造成不利影响；超过门槛的债务水平则是不可持续的，会对本国宏观经济造成不利影响，使政府面临违约的风险。在已知债务阈值的条件下，可以判断一个国家的当前债务水平是否适度。如果当前负债尚未达到阈值水平，说明该国的主权债务是可持续的，财政政策尚有空间；如果当前负债水平已经达到或者超过阈值水平，说明该国的主权债务面临不可持续的威胁，财政政策需要调整。

阈值法判断可持续性的关键在于寻找或估算阈值水平。已有研究对债务阈值的估算有两条差异较大的路径：一是适度债务规模的方法，关注债务水平多高合适；二是最高负债能力的方法，关注一个国家能够承受的最高债务水平。近十几年来，用阈值法判断主权债务可持续性逐渐受到研究者的青睐，尤其自 Reinhart 和 Rogoff（2010）发现关乎经济增速的债务临界值之后，有关债务与增长的关系更是引发学界的激烈讨论。

（一）适度债务规模

债务规模要"适度"，因为政府债务对经济的影响是非线性（non-linear）的，往往先是正面影响而后是负面影响。适度债务规模要求债务发挥正面影响，不仅能够缓解财政压力，还应促进经济增长。当债务对经济增长的影响从正面转向负面时，转折点处的债务水平就是"临界值"。

1996 年，IMF 和世界银行发起了重债穷国（HIPC）减债计划，目的在于将这些国家的外债负担降到可持续水平，条件是他们需要实施强有力的宏观经济调整和结构改革，以此来促进增长、消除贫困。重债穷国是否真的面临债务积压困境，它们的债务是否真的对经济增长造成重要影响,债务水平多高合适? IMF 的一些学者对此进行了研究。Cordella 等人(2005)利用 79 个发展中国家的数据估算了负债水平与经济增长之间的关系。样本中超过 30 个国家是重债穷国,与其他发展中国家在债务水平、政策及制度的质量上有差距。为了探讨重债穷国是否面临债务积压问题而需要减债促增长,他们分别估算了重债穷国及非重债穷国的债务阈值。对于重债穷国而言,当名义债务比率处于 20%—29% 时即将面临债务积压问题,更高的债务将导致负的边际效应。对于政策及制度较好的国家而言,债务超过 GDP 的 15%—30% 时可能面临问题,但是当债务超过 GDP 的 70%—80% 时,其边际效应与增长几乎不相关了。Marcelino 和 Hakobyan(2014)检验了减债计划是否真的可以刺激经济增长,不管是直接刺激还是借助投资的间接刺激。证据表明,借助减债计划,重债穷国确实实现了更高速度的经济增长,然而经济增速提高是由于高投资还是其他原因仍不得而知。

Reinhart 和 Rogoff(2010)利用 44 个国家跨越 200 年的 3 700 个年度数据,用直方图的方法研究了不同政府债务水平下经济增长和通货膨胀之间的联系,得出的政府债务阈值是 90%。Reinhart 和 Rogoff(2010)的主要结论有:首先,当债务比率低于 90% 时,政府债务与实际 GDP 增长之间关系较弱,而当债务比率高于 90% 时,经济增速的中位数降低 1 个百分点,平均增速下滑更大,且发达国家和新兴经济体的债务阈值较为相似;其次,新兴经济体的外债阈值更低一些,当外债达到 GDP 的 60% 时,年经济增长率将下降 2 个百分点,更高的外债水平下经济增速则可能减半;再次,若将发达国家作为一个整体来考察,发现其通胀水平与公债比率之间没有显著的联系,而对于新兴经济体情况就完全不同了,当政府债务上涨时通胀水平显著上升。

Caner 等人（2010）利用 99 个国家 1980—2008 年的数据估计了债务阈值。结果显示，对于样本整体而言，债务阈值水平是 77%，债务比率每上升 1 个百分点年实际经济增长率将下降 0.017 个百分点；发展中国家的阈值水平是 64%，债务比率每上升 1 个百分点年实际经济增长率将下降 0.02 个百分点。

也有一些研究发现，不存在单一的债务阈值，政府债务与经济增长之间不存在显著关系。Bowdler 和 Esteves（2013）基于欧元区主权债务危机的经验，分析了主权债务上升对债券收益率、经济增长和通货膨胀的影响机制。其研究结论认为，不存在单一的阈值以至于超过该阈值的主权债务水平会对宏观经济造成不利影响，要弄清给定债务水平可能造成的后果，必须分析内外债的债权人结构、计价货币、债券期限、债务发行相关的法规，以及各种经济及政治约束。Pescatori 等人（2014）的研究也表明，不存在一个对中期经济增长造成显著影响的债务阈值。他们指出，若考虑未来经济增长前景，债务变动轨迹和债务水平同样重要。例如，一些国家债务水平虽高却呈下降态势，从而其经济增长速度可能与低债务国家一样快。

贾康和赵全厚（2000）将国债的最优规模定义为使"净正面效应最大化"的规模，在这一规模上国债的积极影响可以达到最大化，或者抵消消极影响之后的净积极影响达到最大化。在实践中，关于国债的适度规模，贾康和赵全厚（2000）认为要根据国债规模的效应来判断，注重分析国债规模的决定因素，以及国债规模变动对经济总量均衡、结构合理化、对投资储蓄和财政金融状况的影响。

何代欣（2013）选取美国、加拿大、澳大利亚、法国、英国、日本和德国 1990—2008 年的财政数据，对经济增长的门槛效用进行估计，获取主权债务规模的门槛值，通过拔靴法（bootstrap）检验门槛估计值的显著性，在 10% 的显著性水平下接受单一面板门槛模型，获得的单一门槛是 42.2%。他认为,当样本国家的主权债务 GDP 的比率大于 42.2% 时,主权债务能够较好地发挥作用,促进 GDP 和基本财政盈余同向变化;反之,当样本国家的主权债务比率小于 42.2% 时,主权债务不能充分发挥作用,其与 GDP 和基本财政盈余之间的关系不显著。

(二) 债务耐受能力

债务耐受能力体现为一个国家的债务上限 (debt ceiling),表明一国政府能够承受或者支撑的最高债务水平,不高于上限的债务水平被视为安全和可持续的,出现债务危机的风险较低。反之债务不可持续,出现危机的风险较高。

Bascand 和 Razin(1997) 指出,判断一个国家财政状况可持续性使用的方法是,检验可持续的净债务水平与实际净债务水平之间的关系,如果实际债务水平低于可持续的债务水平则不存在财政可持续性问题。净债务由总债务减去政府石油储备与外汇储备的市场价值得到,而可持续的净债务是指给定当前基本赤字的条件下政府能支撑的最高净债务水平。他们使用这种方法判断印尼的财政可持续性,发现其不存在财政不可持续的问题。

Reinhart 等人 (2003,2008) 在主权债务可持续性问题上做了大量的研究,他们建立了世界上大多数发生过债务危机国家几个世纪以来的债务数据库,概括了债务危机国家作为一个整体存在的典型特征。在特征事实中最突出的一点是,不同国家或同一个国家的不同时期所能承受的债务水平差异很大。一些国家违约时其债务水平甚至低于 15%,他们称这些国家为"债务不耐"(debt intolerance) 国家。他们的研究表明,欧盟《稳定与增长公约》中规定的 60% 的债务上限不是普遍适用的。

Manasse 和 Roubini(2009) 指出，并不是所有的主权债务危机都是一样的，这取决于政府是否面临破产和流动性不足，还是各种宏观经济劣势及风险。他们总结了主权债务危机的一些经验性特征，试图找出有效识别主权债务危机的脆弱性指标，发现以下几点核心因素：一是偿付能力，如公共和外部债务与 GDP 的比率；二是流动性，如短期外债和外债偿还额与外汇储备或出口的比率；三是偿债意愿，由一个国家的政治、制度和其他变量度量。此外，还要关注宏观经济变量，如实际增长率、通胀、汇率，以及外部波动性和经济政策的波动性等。他们采用分类与回归树（CART）的方法，分析债务危机的复杂成因，并指出零风险国家应具有如下特征：相对于偿付能力而言外部整体债务较低；相对于外汇储备而言短期债务较低；相对于财政收入而言外部公债较低；汇率没有被过分高估。他们的研究表明，债务与产出之比对于评估债务违约可能性没有多大意义，导致债务危机的因素非常复杂，是多种脆弱性因素综合作用的结果。

Saxegaard(2014) 提供了两种方法来估算一个国家可以持有的最高"安全"债务水平。第一种方法受益于 Reinhart 等人（2003）的研究成果，借鉴基于国际投资者评级机构（IIR）打分对国家分区的办法，估算一个国家的上限债务水平。第二种方法利用现值预算约束（PVBC）的思想，认为政府债务存量的上限应与未来基本盈余的现值相等，也就是说，未来基本盈余的现值与初始债务水平应该一致。Saxegaard 认为，财政政策应该设定一个低于债务上限的目标水平，以便留有财政空间应对经济冲击。例如，虽然他估算的南非债务上限是 60%，但他仍然建议南非将债务水平降至 40%，以确保南非在中期内不会达到债务上限。

第三节 主权债务可持续性的经验检验方法

主权债务可持续性的经验检验方法有变量稳定性检验和协整检验两种。变量稳定性检验是指对累积债务和财政赤字（或盈余）的稳定性检验，若变量序列是稳定的，则政府财政状况是稳定的，债务可持续。协整检验是对政府财政收入和财政支出的长期变动趋势进行的检验，若二者具有长期均衡关系，则债务是可持续的。开放经济条件下，债务可持续性检验还包括对外债可持续性的检验，即对一个国家进出口变量序列的协整检验。

一、债务平稳性检验

经典计量检验来自 Hamilton 和 Flavin(1986)，他们开创了利用序列平稳性检验主权债务可持续性的先河。他们在对美国 1960—1984 年赤字政策进行可持续性检验时指出，政府可以通过永久的赤字融资积累日益增长的债务。这在数学上等同于这样一个命题，即在一个自我实现的投机泡沫里价格可以持续上涨。对后者的实证检验也可以用来研究政府借贷约束。该研究所采用的检验方法，借鉴了 Flood 和 Garber(1980) 用于检验美国第二次世界大战后价格泡沫的模型，并对其稍加扩展。

Hamilton 和 Flavin（1986）要检验的是式（2-7）所示的跨期预算约束：

$$\frac{B_{t-1}}{P_{t-1}} = \sum_{i=1}^{N} \frac{S_{t+i+1} - V_{t+i-1}}{(1+\bar{r})^i} + \frac{B_{t+N-1}}{P_{t+N-1}(1+\bar{r})^N} \quad (2\text{-}7)$$

赤字政策是否可持续取决于式（2-7）中的第二项随着 N 增大会怎样变化。这一项决定了公众持有的政府债券增速是否高于利率。它反映了政府永远赤字运行的可行性，是否可以简单通过发行新债偿还利息。该检验的零假设：

$$H_0: \lim_{N \to \infty} \frac{B_{t+N}}{P_{t+N}(1+\bar{r})^N} = 0 \quad (2\text{-}8a)$$

或者：

$$H_0: \frac{B_t}{P_t} = \sum_{i=1}^{\infty} \frac{S_{t+i} - V_{t+i}}{(1+\bar{r})^i} \quad (2\text{-}8b)$$

式（2-8）被 Buiter（1984，1985）称为"现值预算约束"。West（1988）研究股票价格波动性的时候将类似于式（2-8）的约束条件称为"横截性条件"。当且仅当式（2-9）中 $A_0 = 0$，零假设 H_0 成立。

$$\frac{B_t}{P_t} = A_0(1+\bar{r})^t + \sum_{i=1}^{\infty}(1+\bar{r})^{-j}(S_{t+j} - V_{t+j}) \quad (2\text{-}9)$$

其中，$A_0 = \frac{B_0}{P_0} - \sum_{i=1}^{\infty}(1+\bar{r})^{-j}(S_j - V_j)$。对式（2-9）稍加变形：

$$\frac{B_t}{P_t} = A_0(1+\bar{r})^t + E_t \sum_{j=1}^{\infty}(1+\bar{r})^{-j} S_{t+j} + n_t$$

其中，P_t 是经济体中商品的总价格指数，$\frac{B_t}{P_t}$ 和 S_t 是调整后的债务和盈余（包含铸币税收入，不包括利息支出），$\bar{r}$ 是政府债券的年均实际利率，E_t 代表债权人的预期，n_t 是回归干扰项，反映利率短期变动、长期利率期限结构和测量误差。当 $A_0 = 0$，$\frac{B_t}{P_t}$ 是稳定的，当 $A_0 > 0$，$\frac{G_t}{P_t}$ 是不稳定的。

Hamilton 和 Flavin(1986) 使用 D-F 方法检验债务序列 $\frac{B_t}{P_t}$ 和盈余序列 S_t 是否存在单位根，其结果在 10% 的显著性水平下拒绝数列不稳定的原假设，认为美国的债务和预算盈余都是稳定的。据此，他们认为，政府未来基本财政盈余的期望现值等于初始债务，在现值条件下美国的预算可以达到平衡。

Wilcox（1989）对 Hamilton 和 Flavin（1986）的工作进行了三方面的拓展：首先，实际利率被允许随机变动，而不再是固定的；其次，基本盈余可以是非平稳的，不再限定为平稳序列；再次，对借贷约束的违反可以是随机的，也不再限定为非随机的。其得出的结论与 Hamilton 和 Flavin（1986）截然不同，认为美国的赤字政策是不可持续的。

应用平稳性检验对欧盟成员国债务可持续性的研究见 Caporale（1995）。通过对欧盟成员国的财政赤字和累积债务进行平稳性检验，结果发现德国、意大利、希腊和丹麦的债务不可持续。

二、财政收支协整检验

协整检验的基本理念是，在长期内，包括利息支付在内的政府支出如果与政府收入共同变动，那么短期内的不均衡状态会逐渐消失，财政状况会趋于可持续。

（一）封闭经济

Trehan 和 Walsh（1988）将协整检验应用于主权债务可持续性的实证研究，此后的很多研究都沿用了这一方法。他们认为，现值条件下政府预算约束平衡等价于这样一个命题，包含利息在内的政府支出与包含铸币税在内的政府收入之间具有协整关系。利用美国 1890—1986 年的财政数据，Trehan 和 Walsh（1988）分别对财政支出与财政收入进行单位根检验和协整检验，结果表明现值条件下的政府预算约束得到了满足。

很多学者对美国或者欧盟的财政可持续性进行了协整检验。Bravo和Silvestre(2002)对11个欧盟国家1960—2000年的财政状况是否满足跨期预算约束做了考察。他们分别对各国的财政收入、财政支出占GDP的比率进行单位根检验和协整检验,发现:澳大利亚、法国、德国、荷兰和英国的预算路径是可持续的,而比利时、丹麦、爱尔兰、葡萄牙、意大利和芬兰的预算路径是不可持续的。Greiner,Koeller和Semmler(2007)关注了欧洲债务比率较高的国家和违反《马斯特里赫特条约》3%赤字警戒线的国家,发现它们的财政政策是可持续的,主要原因是政府提高了基本盈余所占的比率以应对不断上涨的债务比率。政府的跨期预算约束虽然要求在远期实现,但是对当前预算约束有直接影响。

郭庆旺等(2003)指出,在财政赤字只能通过发行国债来弥补的情况下,财政赤字规模大小问题等同于是否能满足政府跨期预算约束问题,也就是说,以现值计算的未来债务(债务的极限水平)是否为零的问题。若政府财政收入与财政支出二者具有协整关系,则政府满足跨期预算约束条件,但是当回归系数小于1时,总支出增加一单位所对应的收入增加小于一单位,债务不是收敛的,政府会出现逃避偿债的动机。基于我国1978—2001年财政收支数据,他们发现我国财政收入—GDP比率与"总支出—GDP比率"之间在95%的置信水平上存在协整关系,且二者的回归系数接近于1。这说明中国1978—2001年期间的财政政策没有违背跨期预算约束,且政府没有通过恶性通货膨胀的方式偿还债务。

周茂荣和骆传朋(2006)证明了包括经济增长率、名义利率和通货膨胀率在内的经济因素对欧盟的财政可持续性具有重要影响。基于欧盟9个成员国1981—2005年的年度数据,他们分别进行相关经济因素给定下及可变条件下的协整检验,发现相关经济因素可变条件下欧盟成员国的财政可持续状况有所改善。

目前，一些对我国财政可持续性的检验结果大都是可持续的，相关文献见周茂荣和骆传朋（2007）、涂立桥（2008）等。周茂荣和骆传朋（2007）对我国1952—2006年财政收入和支出数据进行协整检验，结果表明在1%的显著性水平上发现我国是财政可持续的。涂立桥（2008）以我国1978—2006年的财政数据为样本，对我国的财政收支进行协整检验，并且对基本财政盈余和国债负担率进行线性回归，结果均表明我国的财政政策是可持续的。

（二）开放经济

开放经济条件下，要考虑外债可持续性和财政可持续性，计量检验涉及对经常账户赤字和财政赤字的可持续性的检验。Trehan 和 Walsh(1991) 认为，经常账户可持续要求当前净对外资产存量与当前及未来经常账户赤字的贴现值相等，实证检验考察外国人持有的国内净资产存量的变化是否平稳。他们使用美国1946—1987年的国际净投资头寸来检验可持续性，单位根检验在5%的显著性水平上拒绝了外部投资头寸的变动非平稳的原假设，因此也推翻了美国当时经常账户赤字"过大"的观点。

一些研究基于进出口数据考察二者的协整关系，据此判断外部可持续性，如 Husted(1992)、Ahmed 和 Rogers(1995) 等。具体做法是先检验进口及出口序列的平稳性，在各变量序列平稳或存在同阶单整的前提下进行协整检验。Ahmed 和 Rogers(1995) 同时检验了美国和英国的外部可持续性和财政可持续性。他们发现财政收入与支出之间、出口与进口之间都存在协整关系。平稳性检验和协整检验的结果都支持美国和英国财政可持续性，以及外部可持续性。

第四节 结论性评论

一、综述性结论

基于对主权债务可持续性基本内涵的讨论，本书利用政府事后的平衡预算约束恒等式进行了简单的事后债务可持续性计算，分析主权债务可持续性的决定因素，试图为识别主权债务脆弱性和潜在风险提供一个有用的分析框架。基于现有文献，本书得出如下主要综述性结论。

第一，根据债务利率与经济增长率之间的差值可判断债务比率的变化方向。在利率小于经济增长率的情况下，债务比率趋于降低，债务是可持续的；在利率大于经济增长率的情况下，债务比率趋于上升，债务是不可持续的。因此，利率与经济增长率的差值决定了政府降低债务比率的难度。利率与经济增长率的差值越大，政府降低债务比率越难。高负债国家比低负债国家需要有更多的财政盈余来稳定或者降低负债率。

第二，基本盈余较大的主权国家可持有较高的初始债务量，且能在长期内保持债务可持续性。在给定利率和经济增长率的条件下，只要政府愿意实现足够大的基本盈余，任何水平的初始债务存量都是可持续的。因此，初始债务存量的大小并不具有决定意义。

第三，政府一直采取赤字政策将会导致债务增长速度高于债务利率，这违背了横截性条件（政府债务增速不高于利率）。但若赤字政策能刺激经济高速增长,可能会出现"经济增速＞债务增速＞债务利率"的情况,此时债务比率是趋于下降的,债务可持续。

第四,在动态有效经济中,只要经济增长率高于债务增长率,非蓬齐博弈条件自动得到满足。动态无效经济中,政府可以进行蓬齐博弈。

第五,开放经济条件下,外部可持续性与财政可持续性的分析框架相类似,理论上都要求满足"现值预算约束",计量上都采用协整检验的方法判断可持续性。协整检验存在一个可能的漏洞:若政府未来每期都能够实现基本财政平衡,但每期都要发行新债来支付当前债务的利息时,有关财政收支的协整检验可能是通过的,然而政府却违背了非蓬齐融资的规则。

二、简要评论

现有文献关于主权债务可持续性的研究,主要遵循三条研究思路:一是基于对一个国家的经济增长率和债务利率的比较;二是基于对政府财政收入和财政支出的长期关系做出的判断;三是基于经济或政府的负债能力估算债务阈值水平。已有文献为主权债务可持续性的研究提供了标准分析框架,在标准框架内有以下几点值得探讨。

(一) 关于债务比率演化的思考

关于债务比率的演化,有如下两点可以深入探讨:一是稳定债务比率需要多高的基本财政盈余;二是政府的初始负债额是否具有决定意义,应满足什么要求。

关于债务比率对基本盈余的要求。稳定债务比率要求下一期的债务比率不能高于上一期,即 $d_1 \leqslant d_0$, $d_2 \leqslant d_1$, $\cdots$, $d_t \leqslant d_{t-1}$ $\cdots$。由式

(2-2) 可推导出最低基本盈余:

$$d_t \leqslant d_{t-1}$$

即是要求 $(1+i_t-g_t)d_{t-1}-ps_t \leqslant d_{t-1}$,求得

$$ps_t \geqslant (i_t-g_t)d_{t-1} \qquad (2-10)$$

可见,每期要实现的基本盈余是前一期债务比率的函数。利率与经济增长率的差额决定了政府降低债务比率的难度。利率与经济增长率的差额越大,降低债务比率越难;高负债国家比低负债国家需要有更多的财政盈余来稳定或者降低政府负债率。若利率与经济增长率大致相抵,一个很小的基本盈余就足以维持债务比率稳定。式(2-10)还表明,给定债务存量和利率的条件下,经济增长较快的国家只需要较低的基本盈余便可实现债务可持续。

关于初始负债高低对可持续性的影响。在式(2-10)中,若利率、经济增长率和基本盈余是既定的,$d_1 \leqslant d_0$ 意味着 $(1+i-g)d_0-ps \leqslant d_0$,初期债务 d_0 应满足条件:

$$d_0 \leqslant ps(i-g) \qquad (2-11)$$

式(2-11)给出两点启示:第一,其他条件不变,能够实现较大基本盈余的主权国家可以持有较高的初始债务存量,且在长期内保持其可持续性。第二,在给定利率和经济增长率的条件下,只要政府愿意实现足够大的基本盈余,任何水平的初始债务存量都是可持续的。余永定(2000)也指出,从系统稳定性的角度看,初始值的大小并不具有决定意义。

(二) 关于现值预算约束的探讨

现值预算约束要求政府满足横截性条件且不可进行蓬齐博弈。实际上,横截性条件并非绝对有效。在特定情况下,政府似乎可以进行蓬齐博弈(王晓霞,2007)。

1. 横截性条件的有效性

横截性条件（Transversality Condition）是现值预算约束标准分析框架下的必设条件，它要求在远期内政府债务余额的贴现值为零，政府不能永远借新债来偿还旧债的利息。Hamilton 和 Flavin(1986)认为，式（2-7）中的第二项决定了公众持有的政府债券增速是否高于利率，反映了政府永远赤字运行的可行性，是否可以简单通过发行新债偿还利息。他们指出，满足横截性条件并非意味着政府债务最终被清偿了，而是说，政府债务可以持续积累，只要增长速度低于借贷利率。因此，政府要做的决策是，债务利率是要通过未来税收增加来偿还还是继续发行新债来偿还。

横截性条件的实质是限制债务增长速度不超过利率，以免在利率长期较高的情况下债务比经济增长更快，出现债务比率不受控制的情况。但是横截性条件是否总是有效有待讨论。假设一国政府为刺激经济增长采取积极的财政政策，如降低税率、增加政府购买，这势必会造成财政赤字，且债务的增长速度高于利率。按照横截性条件的要求，财政是不可持续的。然而，若经济增长速度因此大幅提高，超过了债务增速和利率，导致债务比率下降，政府债务应该是可持续的。因此，当出现"经济增速＞债务增速＞利率"的情况时，虽然违背了横截性条件，但债务比率仍可能降至零。在这种情况下，利用横截性条件判定债务可持续应是无效的。

2. 动态无效经济中是否可以进行蓬齐博弈

按照经济动态学理论，动态无效经济中人均资本存量高于黄金律水平，资本的真实报酬率小于经济增长率。资本真实报酬率的一个直观度量就是短期政府债券的真实利率，因此，动态无效经济中利率小于经济增长率，政府可以通过发新债还旧债的利息，赤字政策是可持续的。

王晓霞（2007）指出，在某些特定情况下，政府可以进行蓬齐博弈。蓬齐博弈是政府不通过预算盈余还债，而是通过借新债的方式还旧债，也就是以债养债。若以 b 表示债务负担率，以 h 表示债务增长率，以 g 表示经济增长率，以 t 表示时间，王晓霞（2007）将债务负担率的变化路径描述为

$$\frac{\mathrm{d}_b}{\mathrm{d}_t} = (h - g) \cdot b \tag{2-12}$$

债务负担率不变或者下降要求 $h - g \leqslant 0$，即债务增长率不大于经济增长率，此时政府具有偿债能力。债务增长公式为 $b_t = b_0(1+h)^t$，$t = 1, 2, \cdots, n$。下面分别在动态有效经济和动态无效经济中分析政府是否可以进行蓬齐融资。

动态有效经济中，经济增长率小于利率（用 r 表示），即 $g < r$。财政可持续要求 $g \geqslant h$。当二者同时成立时，便可得出 $h \leqslant g < r$，即动态有效经济中，只要经济增长率高于债务增长率，便满足了财政可持续条件，同时自动满足非蓬齐博弈条件（$h < r$）。

动态无效经济中，经济增长率大于利率，即 $g > r$。财政可持续要求 $g \geqslant h$。当二者同时成立时，有可能满足 $h > r$。$h > r$ 则意味着债务增长率高于利率，是蓬齐融资的效果。因此，在动态无效经济中，政府可以进行蓬齐融资。

（三）关于债务阈值的几点探讨

1. 经济增长与债务的关系需要更加明确的研究

适度债务规模要求债务对经济具有促进作用，当债务对经济的影响从正面转向负面时，转折点处就是债务规模的适度值。已有文献对适度债务规模的研究大都基于经验性判断，缺少理论支撑。事实上，影响经济增速的因素多种多样，结构性原因、外部冲击、周期性因素都可以导致经济增速下滑。因此，高负债是否一定引起经济增速下

滑,是过高的负债削弱了经济增长还是经济增长萎靡导致了更高的负债,需要更加系统深入的研究。

2. 债务耐受水平的差异不容忽视

通过债务阈值评估可持续性的另一个方法是估算政府的债务耐受水平。Reinhart 和 Rogoff 的相关研究已经表明,较高的债务比率不一定会引发债务危机,而即使是在较低的债务水平上,很多国家也发生了违约,这说明欧盟《稳定与增长公约》所规定的 60% 债务警戒线并非普遍适用,而单一地以债务比率的高低来判定可持续性未免武断。因此,在估算一国政府的债务耐受水平时,应重点解释这样一个问题,为何不同国家在发生债务违约时的债务比率差异很大,政府的债务耐受水平受什么因素影响。对这一问题的理解,应充分考虑一个国家面临的宏观经济因素和债务结构因素等。

(四) 对计量检验的反思

关于财政可持续性的大量文献检验了政府的现值借贷约束,也就是检验政府未来基本财政盈余的期望现值是否等于初始债务。实证检验大都通过检验财政数据的单位根和协整特征来考察现值借贷约束是否成立。这一计量检验方法有时具有误导作用。包括利息支付在内的政府支出与政府收入之间具有协整关系是必要但不充分条件。传统协整检验方法只有在政府支出与收入不具有共同变动趋势、可持续假设被拒绝时才是有效的。结果就是,通用的协整检验方法可能支持可持续性假设,即使财政状况不可持续时也是如此。

举一个简单的例子,假如未来各期政府的收入都与政府支出相等,但是要靠发行新债来支付利息,这种情况下财政收入与支出的协整检验可能通过,因为两者在长期内共同变动,然而却违反了非蓬齐博弈条件。现值预算约束要求,在财政可持续的情况下,债券贴现值的极限应该等于零。然而，协整检验的方法无法辨别远期债券贴现值是否为零，因此具有一定的局限性。

三、未来的研究

在评估主权债务时，未来的研究中应该注意到以下几点：

首先，前瞻性分析。主权债务可持续性评估是建立在债务可清偿性的基础上，是一种前瞻性思维。债务可持续性状况取决于财政基本账户余额的未来变动状况，而不是其过去和现在的债务余额状况，因此，高额债务可能被清偿，而小额债务可能不具备可清偿性。在评估主权债务时，应牢记变量的内生性特征：一是利率不是由债务存量单独决定的；二是经济增长率转而依靠利率；三是国内利率和国外利率均不是独立决定的。

其次，政府税收收入指标。公共债务是由政府利用当前和未来的财政收入来进行偿还的，从而，政府在目前和未来的征税能力至关重要。在对公共债务占 GDP 的比率这一指标进行国别比较时，需要记住政府收入占 GDP 的比例和政府收入构成等指标也很重要。若政府债务是以外币计价的外债，只能用外币收入来进行偿还。在这种情况下，GDP 与外币收入之间没有多大联系，传统上可以用出口规模作为去量纲的指标。例如，假定出口收入的一个固定比例用于偿还外币债务。

再次，或有负债。当前债务存量忽略了政府的或有负债。私人部门的债务可能突然变成了公共债务。在最近的全球金融危机过程中，政府对银行系统的注资将会显著增加政府债务。造成欧洲主权债务危机的一个重要因素，是政府对金融部门的巨额财务支援导致其主权不可持续风险大幅上升。

最后，需要处理好长期和短期的关系。一些学者强调以长期视角看待政府主权债务问题，并将关注的焦点转向政府的跨期预算约束。然而，从务实的角度看，若将关注焦点转向无限期的政府净财富（相对于债务）的现值，很可能衍生短期政府债务问题不重要的想法，甚至忽视政府短期债务的重要性。如果这一观点被狭隘地理解，可能会导致政府短期债务的非理性膨胀，进而致使政府债务偏离长期稳态或可持续的路径（Levy，2010）。

第三章 主权债务危机：
历史与现状

主权债务危机不是现在才有的，甚至不是近两个世纪才发生的。要了解主权债务危机发生的原因，并弄清楚主权债务可持续的条件，最好的方法是从危机的历史开始。纵观主权债务危机的历史可以发现，此次美国和欧洲的债务危机只不过是主权债务危机史上的沧海一粟。正如莱因哈特和罗格夫所说："用25年的时间观测百年一遇的洪水只有1/4的机会，而用800年的时间去观测则有8倍的机会。"要梳理主权债务危机的历史不得不从意大利的银行业说起，因为它与早期的外债违约有着千丝万缕的联系。

第一节 中世纪晚期债券市场萌芽及意大利银行业兴起

一、城邦战争与债券市场萌芽

中世纪晚期，意大利中北部城市蓬勃发展，出现了威尼斯、热那亚和佛罗伦萨等城市共和国。它们摆脱了皇帝的控制，将其势力范围扩大到城墙之外。其中，威尼斯和热那亚地处海边，发展成为航海帝国，它们与黎凡特（Levant）开展贸易，拥有强大的海上产业；佛罗伦萨地处内陆，首先发展了工业与商业，然后发展了银行业。到了十三四世纪，这几个城邦国家势力范围空前地扩大，成为意大利的政治经济中心。那个时期的意大利正经受着连绵不断的内战，城市内部存在激烈争斗的家族或家族集团，城市之间也是纷争不断，威尼斯、热那亚和佛罗伦萨也未能幸免。工业和贸易竞争使威尼斯和热那亚在文艺复兴时期频繁发生战争，同时热那亚与比萨也在争夺海上产业。1284年热那亚海军于拉梅洛里亚获胜以后，比萨便衰落下去了；当佛罗伦萨终于在1406年吞并了比萨时，热那亚与佛罗伦萨也结束了友谊，几大城邦国家之间的频繁战争成了中世纪一个鲜明的特色。①

战争时期军费开支超乎寻常，对于政府来说，有一种筹资方式比税收来得更方便快捷，那就是借债。因为增加税种或者提高税率都需要一段时间才能奏效，因此政府和公众最能接受的方式就是从富人那里借债。关于这种做法的报告最早见于12世纪，当时有些城邦为了筹集资金而将实物或者税收收入作为担保品提供给债权人以获取贷款。通常有自愿贷款和强制性贷款两种。自愿贷款最早出现在1152年，热那亚政府以里瓦罗洛（Rivarolo）两年的关税收入作为担保从国内或者富有的外国人那里成功地筹集了50里拉②（年利率大概40%）。1164年，威尼斯政府以里亚尔托（Rialto）市场11年的收入作为担保，从12位富人那里借入了1 150马克（大约相当于270千克白银）的贷款。强制性贷款的做法最早见于威尼斯政府。1171年，为了组建一支抵御拜占庭帝国的舰队，威尼斯政府强迫每位市民按照祖传遗产数额向政府提供贷款，而政府承诺每年支付5%的利息。③

---

① 卡洛·M.奇波拉.欧洲经济史（第一卷）[M].徐璇，译.北京：商务印书馆，1988：234.

② 疑为戈兹曼和罗文霍斯特所编《价值起源》（修订版）一书中的笔误。

③ 威廉·N.戈兹曼，K.哥特·罗文霍斯特.价值起源（修订版）[M].王宇，王文玉，译.沈阳：北方联合出版传媒（集团）股份有限公司，万卷出版公司，2010：153.

1262年3月12日，威尼斯与热那亚和地中海的拜占庭帝国爆发了海上战争。由于此前失去了在希腊的重要基地，威尼斯发誓此次一定要取得胜利。军事压力和财政吃紧使得威尼斯政府的"大议会"（great council）颁布了一项名为"Ligatio Pecuniae"的法令。这项被看作金融创新的法令允许政府的日常开支增加到每月3 000里拉，当日常开支超过这一数额时，政府必须向其债权人支付5%的利息。[①]"Ligatio Pecuniae"被看作威尼斯金融发展史上的重要转折点，推动了金融市场的进一步发展。随后，蒙蒂（Monti）债券体系兴起。

14世纪，意大利北部城邦出现了一种新的势力，即雇佣兵。这种雇佣兵由军事承包商提供，是各城邦雇用的训练有素的军队。军事承包商向政府收取一定的费用，然后召集军队吞并敌人的土地，掠夺财宝。连年战争的军费开支使意大利各城邦陷入危机。即使是在和平年代，政府开支也达到了税收的两倍。为了向雇佣兵支付酬金，一些城邦陷入财政赤字。从托斯卡纳国家档案中可以发现，那个时期佛罗伦萨的债务增长了百倍，从14世纪初的5万弗罗林增长到1427年的500万弗罗林。堆积如山的债务被称为"公共债山"，到15世纪早期，借款金额已经占城邦收入的70%。[②]

二、商业帝国建立与意大利银行业兴起

中世纪的意大利并没有一个专制的中央政府，形成了很多城市共和国，每个共和国有其独特的组织形式和治理结构。前面已经提到，有两个著名的航海共和国是威尼斯和热那亚，还有一个著名的内陆共

---

① 威廉·N. 戈兹曼，K. 哥特·罗文霍斯特. 价值起源（修订版）[M]. 王宇，王文玉，译. 沈阳：北方联合出版传媒（集团）股份有限公司，万卷出版公司，2010：151.
② 尼尔·弗格森. 货币崛起[M]. 高诚，译. 北京：中信出版社，2012：62.

和国佛罗伦萨。此外，还有一些小的共和国，如卢卡、锡耶纳等。由于所处的地理位置不同，这些城市共和国具备不同的发展特点。威尼斯和热那亚是典型的沿海商业城市，逐步发展成为航海帝国，与黎凡特（Levant）进行贸易，大量进口奢侈品。佛罗伦萨是典型的工业城市，尤其是羊毛工业特别发达，因此它重点发展工业和商业，还发展了银行业。中世纪晚期意大利银行业的兴起与其北部城邦发达的工商业与海外贸易密不可分。

热那亚与威尼斯都是海滨城市共和国，他们之间存在巨大的商业竞争，为了争夺海上产业常常陷入战争。例如，他们为了获得黑海和爱琴海的贸易控制权，在1261年以拜占庭为背景在东方水域进行了决战。热那亚长年陷入内部派系斗争之中，每一派系都按照意大利的惯例去求助于外部的干预，使热那亚轮番处于外部政治力量的控制之下，最终丧失了在意大利和海上贸易的绝对优势，于1396年成为法国的属地。威尼斯从开始就是一个商人国家，是历史上最早的商业殖民地帝国，曾被描述为"历史上著名的、具有经营能力和有效行动的最有说服力的典型"[①]。与热那亚不同，威尼斯的政府十分稳定，这对它的商业贸易非常有利。威尼斯与西欧的商业往来是靠著名的佛兰德大舰队完成的。舰队中的一部分船只从里斯本去英国，在伦敦、南安普敦岛和桑威奇群岛登陆；其余的船只则开往布鲁日、斯吕伊、安特卫普和米德尔堡。

与热那亚、威尼斯比起来，佛罗伦萨的社会经济地位似乎更重要，因为佛罗伦萨是意大利北部重要的工业、商业以及银行业城邦国家，尤其是羊毛工业的胜地。佛罗伦萨发展了国内工业，特别是发展了呢绒制造业，是它强盛的首要原因。佛罗伦萨的羊毛业行会是英国羊毛的最大

---

① 詹姆斯·W. 汤普逊. 中世纪晚期欧洲经济社会史[M]. 徐家玲, 等译. 北京：商务印书馆，2009：341.

买主,左右了欧洲的呢绒贸易。所有的佛罗伦萨大家族都在意大利城市中设有商栈,在英国等主要羊毛出口国家设有代理处,主要为羊毛贸易服务,兼营其他行业,特别是银行业。羊毛贸易带来的巨大利润帮助商人集团积累了足够的资本,使之能够投入贷款业务,以便商人和实业家可以购买巨额羊毛和织物,得以建立大型呢绒加工场,因此佛罗伦萨在羊毛贸易中得以独占鳌头。意大利城邦的富庶造就了银行业,也巩固和壮大了银行业。不只是佛罗伦萨,在意大利的各大商业中心——罗马、佛罗伦萨、威尼斯和热那亚,都普遍存在银行业。商人银行家把他们的银行业务随着贸易一起带到了他们的触角所能伸到的地方。在英国,由于中世纪晚期经济还不够发达,王室的收入比较有限,意大利商人成了王室的银行家,享受王室的优惠待遇,控制英国的羊毛贸易,同时为王室提供巨额的贷款,以弥补英国的财政收入赤字。

第二节 14—18世纪新兴欧洲国家的多次违约史

一、多次违约的表现

1800年以前,世界上大多数国家经济都比较落后,对内没有发达的工商业,对外没有大量开展国际贸易,因此中央政府的财政收入来源较少,且没有大量的外汇储备,没有能力建立大量国际债务头寸并对其违约。出现大规模多次违约的国家一般都有足够多的财富,使新的债权人相信他们能够偿还债务。那时的欧洲,几个新兴国家占有举足轻重的地位,那就是意大利、英国、西班牙、法国。除了意大利,其他三个国家都出现过不止一次的外债违约。19世纪以前的欧洲,共有六个国家发生过债务违约，另外三个是葡萄牙、德国（普鲁士）和奥地利，各违约 1 次。表 3-1，列出了它们违约的年份。

表 3-1 14—18 世纪新兴欧洲国家的债务违约

违约国家	违约年份/年	次数:外/内
英　国	1340,1472,1594[1],1749*	2[2]/1
西班牙	1557,1575,1596,1607,1627,1647	6/0
法　国	1558,1624,1648,1661,1701,1715,1770,1788	8/0
葡萄牙	1560	1/0
德国（普鲁士）	1683	1/0
奥地利	1796	1/0

注：[1] 1594 年的违约不清楚是外债违约还是国内违约。
　　[2] 可以确定的外债违约是 2 次。
说明：上标*的年份表示对内违约。
资料来源：Reinhart，Rogoff，Savastano（2003）及其中引用的数据。

英国是历史上最早出现外债违约的国家，其第一次债务违约发生在爱德华三世执政时期，距今已经将近 800 年。西班牙是历史上外债违约次数最多的国家，1800 年之前的几个世纪，西班牙就违约了 6 次（表 3-1），而在 19 世纪，西班牙的违约次数更是多达 8 次——西班牙的违约记录至今尚未被打破。法国在 1800 年以前违约了 8 次，此后虽然经历法国大革命和拿破仑战争的浩劫，却成功地摆脱了多次违约的命运，升级为非违约国家。

二、最早的外债违约：英国王室的外债违约

中世纪的英国社会有很多外国商人入住，以意大利佛罗伦萨商人和德国汉萨商人居多。其中意大利商人是英国最强大的外国商人团

体，是外来商人中最富裕和最有影响力的阶层。彼时的英国人对待外国商人的态度比较复杂，他们一方面依赖外国商人发展本国的进出口贸易；另一方面，又不乐意看到外国商人日益丰满的腰包和逐渐膨胀的势力。但是英国政府的基本政策还是鼓励外国商人从事本国的进出口贸易，王室从他们身上可以获得巨额的收入，主要来源于进出口贸易所交的关税、商人银行家提供的贷款以及他们所交的人头税。外国商人所提供的贷款是英国王室的主要收入来源之一，从13世纪晚期到14世纪，意大利商人成了英国王室的银行家，主要有四家意大利银行为英国王室提供贷款，它们分别是卢卡的里卡尔迪银行、佛罗伦萨的弗雷斯科鲍迪银行、巴尔迪银行和佩鲁齐银行。英国王室贷款主要用于日常开销、房屋修葺、外交及战争。

1272—1294年间，卢卡的里卡尔迪公司是爱德华一世最重要的债权人。在这一时期内，里卡尔迪公司向英国王室提供的贷款至少有408 972英镑（含利息）。[①] 当1294年夏天英法战争爆发后，里卡尔迪公司与爱德华一世的交易突然终止。1299—1302年，佛罗伦萨的弗雷斯鲍迪公司充当英国王室主要的银行家，向英国王室提供了32 886英镑的贷款，但是1310年的账单显示，借款总额至少达到了12万英镑。[②] 由于弗雷斯鲍迪公司的财富及对王室的影响力得罪了英国的反对派贵族，王室被迫于1311年将该公司驱逐出境。随后为英国王室提供贷款的公司主要是巴尔迪公司和佩鲁齐公司，据英国经济史家波斯坦的估计，在14世纪前25年里，英国王室累积欠巴尔迪公司和佩鲁齐公司的债务超过了25万英镑。[③] 1340年，英国爱德华三世遭遇

---

① 刘景华.外来因素与英国的崛起——转型时期英国的外国人和外国资本［M］.北京：人民出版社，2010：111.
② M.M.波斯坦.剑桥欧洲经济史（第三卷）：中世纪的经济组织和经济政策［M］.周荣国，张金秀，译.北京：经济科学出版社，2002：393.
③ 同①，112.

一系列军事失利之后对贷款违约，导致其主要贷款人——佩鲁齐公司和巴尔迪公司分别于 1343 年和 1346 年破产。

三、16—17 世纪西班牙王室的多次违约

1800 年以前西班牙出现了 6 次违约，前 3 次都发生在菲利普二世时期（1556—1598）。彼时的西班牙在欧洲历史上非常重要，它拥有当时最为强大的军事力量和征服整个欧洲的军事雄心。菲利普二世是拿破仑之前真正能够威胁欧洲统治的君主，但也不得不向巨额外债妥协。16 世纪以前，西班牙地域分散且各地的财政状况不佳，因此难以获得大规模的国际借款。当西班牙人在墨西哥和秘鲁发现大量白银后，一切都改变了。收入的巨幅增长使国王的权利极度强化，国王可以相对容易地筹集资金了，国家开支不再受限于国内税收了。为了征服欧洲，西班牙需要进行各种军事冒险，如攻打土耳其、荷兰；发动无敌舰队攻打英国，这些都需要巨额资金支持。西班牙通过一种名为阿西托（asiento）的高息短期融资工具举借国际债务。阿西托的购买者包括西班牙的商人、佛兰德斯的金融家、意大利的商人银行家以及富有的德国投资家。不过，这些国际借贷卡特尔主要由热那亚人领导。在任一时点上，西班牙王室的债务通常为大半年的收入，有时甚至达到两年的收入。

关于西班牙的军费支出及债务情况，可以由一组数据说明。1771 年，西班牙王室花费了 114 万达克特（Ducat）来维持地中海地区的神圣联盟舰队，当时政府一年的财政预算也才 600 万达克特。在随后的 1572—1574 年，菲利普二世又在神圣联盟舰队上再投资 589 万达克特以消除土耳其的威胁。此外，为了平息低地国家[①]的反抗，

---

① 低地国家指的是中世纪欧洲的荷兰、比利时和卢森堡。

1572—1574年间，西班牙投向佛兰德斯地区①的军费开支达到了770万达克特。剧增的军费开支使菲利普二世不得不拖欠其国际债券人的借款，并于1575年9月1日出现暂停支付。那时西班牙国王举借的阿西托合约数额累计起来已经达到了皇室3年的收入总额。②

四、法国的升级

表3-1中，法国在1800年以前违约8次，是19世纪以前违约次数最多的国家（后来被西班牙超越）。法国君主有一个"放血"的习惯（一种早期的、决定性的债务重组方式），即在外债违约期间处死国内主要债权人。在1768—1774年任法国财政部长的阿贝·泰雷（Abbe Terray）甚至认为，政府应该每个世纪至少违约一次以恢复平衡。③ 从1522年弗朗西斯一世开始法国就债台高筑，财务信息极不透明，且长期依赖短期融资，当1557年西班牙菲利普斯二世债务违约引起金融动荡时，法国的亨利二世发现自己也无法展期短期债务了，于1558年违约。

彼时的法国在公共财政方面有个典型的特征，那就是政府严重依赖售官财政。弗朗西斯一世时期便大量兜售公职，牺牲未来的财政收入换取眼前的支出，同时腐败盛行。尽管路易十四即位时限制通过售官筹集收入，当1688年之后法国需要资助奥古斯堡联盟战争（1689—1697）以及随后的西班牙王位继承战争（1701—1714），路易十四也严重依赖于售官财政。西班牙继承王位战争末期法国公债的总

---

① 佛兰德斯地区是中世纪欧洲一位伯爵的领地，包括现比利时的东佛兰德省和西佛兰德省以及法国北部部分地区。

② Conklin, James. The Theory of Sovereign Debt and Spain Under Philip II [J]. The Journal of Political Economy, 1998(3): 483-513.

③ 卡门·M. 莱因哈特，肯尼斯 S. 罗格夫. 这次不一样：八百年金融危机史 [M]. 綦相，刘晓锋，刘丽娜，译. 北京：机械工业出版社，2012：69.

量是 17.77 亿弗①图尔币②，既包括 1689—1714 年战争期间签订的贷款，也包括先前的债务，等于法国王室每年收入的 9 倍多。③ 然而法兰西王国并没有履行债务，最明显的证据就是国王出尔反尔地否认债务契约。1710 年，法国政府开始采取措施，把全部已有长期公债的利率由原来超过 8% 的比率降至 5%，随后又降至 4%。1715 年路易十四去世的时候，随之而来的便是一系列不履行王室贷款的措施。

1756—1763 年的英法七年战争之后不久，法国发生了 18 世纪最后的违约，分别在 1770 年和 1788 年。战争中金融相对较发达的英国轻而易举地战胜了金融欠发达的法国。法国在大革命后发生了一次恶性通货膨胀，几乎一次消除所有债务（包括公共债务和私人债务）。但法国从此升级为非违约国家，在 19—21 世纪都没再出现过违约（后面表格的数据可以证实这一点），因此可能是首批从多次违约中升级的国家。

第三节 19—20 世纪主权债务违约：全球视角

18 世纪起源于英国的工业革命使人类社会逐渐步入工业文明时代，很多国家发达到了富裕的标准。从 19 世纪开始，国际资本市场的发展和大量新独立国家的涌现共同导致了国际债务违约的激增。由于违约国家众多，且很多国家是多次违约，无法对每个国家进行专栏阐述，因此本节对债务违约历史的记录只能从统计的角度进行，分别

---

① 弗（Livres），古时法国的货币单位。
② 图尔币（Tournois），古时法国图尔城铸造的硬币。
③ 大卫·斯塔萨维奇. 公债与民主国家的诞生[M]. 毕竞悦，译. 北京：北京大学出版社，2007：86.

梳理欧洲国家、拉丁美洲国家、亚洲国家和非洲国家的违约史。在这里债务重组也被看作违约，因为重组发生时债务人通常迫使债权人接受更长的还款计划和利率折让（相对于市场利率而言），因此债务重组被认为是协议部分违约。

一、欧洲和拉丁美洲的债务违约和重组

由于19世纪大部分亚洲和非洲国家都是殖民地国家，欧洲和拉丁美洲走在财政挥霍与违约道路的前列。该时期非洲只有突尼斯和埃及两个国家发生了违约（从后面的表格中可以看到这一点）。由表3-2可以看到，欧洲多个国家在19世纪出现过多次违约，到了20世纪这一情况有所好转。奥匈帝国（后来的奥地利和匈牙利）19世纪违约了5次，之后的一百多年里奥地利和匈牙利分别违约2次。德国的城邦也出现了5次违约，之后的历史里德国违约2次。希腊虽然1829年刚独立，在其独立的那个世纪里它就违约了4次。葡萄牙和西班牙惊人地违约了6次和8次，土耳其的违约次数也很多，共违约了6次。总体来说，进入20世纪以来，随着大部分欧洲国家由新兴经济体发展为成熟经济体，出现违约的国家和违约的次数都明显减少。

表3-2　欧洲国家1800—2000年间违约历史

国家，独立的时间	违约或重组的年份和总次数				次数：外/内
	1800—1849年	1850—1899年	1900—1949年	1950—2000年	
英　国	1822*,1834*	1888*	1932*		0/4
奥地利[1]	1802,1805,1811,1816	1868	1938,1940		7/0

· 54 ·

续表 3-2

国家，独立的时间	违约或重组的年份和总次数				次数：外/内
	1800—1849 年	1850—1899 年	1900—1949 年	1950—2000 年	
匈牙利,1918	1802,1805,1811,1816	1868	1932,1941,1945*		7/1
德国[2]	1807,1812,1813,1814	1850	1932,1939,1948*		7/1
希腊,1829	1826,1843	1860,1893	1932**		5/1
荷兰	1814				1/0
葡萄牙	1828,1837,1841,1845	1852,1890			6/0
西班牙	1809,1820,1831,1834	1851,1867,1872,1882	1936*		8/1
波兰,1918			1939,1940	1981	3/0
俄国	1839	1885	1918	1991,1998	5/0
瑞典	1812				1/0
土耳其		1876	1915,1931,1940	1978,1982	6/0
罗马尼亚			1933**	1981,1986	3/1

注：[1] 1918 年匈牙利独立之前是奥匈帝国。
  [2] 违约次数包括德国黑森州违约 1 次（1814 年）、普鲁士城邦违约 2 次（1807，1813 年）、石勒苏益格-荷尔斯泰因违约 1 次（1850 年）、威斯特伐利亚违约 1 次（1812 年）。
说明：上标*的年份表示的是对内违约，上标**的年份表示对内对外均违约。
资料来源：根据 Purcell, Kaufman (1993), Reinhart, Rogoff, Savastano (2003) 及其引用的数据整理所得。

观察表 3-3 中所列的拉丁美洲国家外债违约史不难发现，世界上外债违约最显著的地区都在拉丁美洲。19 世纪违约超过 3 次的拉美国家有 5 个，到了 20 世纪这个数字就达到了 10 个，外债问题愈演愈烈。

表 3-3 拉丁美洲国家 1800—2000 年间违约历史

国家，独立的时间	违约或重组的年份和总次数				次数：外/内
	1800—1849 年	1850—1899 年	1900—1949 年	1950—2000 年	
阿根廷,1816	1827	1890**	1951,1956	1982**,1989**,	7/3
玻利维亚,1825		1875	1927*,1931	1980,1982*,1986,1989	5/2
巴西,1822		1898	1902,1914,1931,1937	1961,1964,1983,1986*,1990*	8/2
智利,1818	1826	1880	1931	1961,1963,1966,1972,1974,1983	9/0
哥伦比亚,1819	1826	1850,1873,1880	1900,1932,1935		7/0
哥斯达黎加,1821	1828	1874,1895	1901,1932	1962,1981,1983,1984	9/0
多米尼加,1845		1872,1892,1897,1899	1931,1975*	1982	6/1
厄瓜多尔,1830	1826	1868,1894	1906,1909,1914,1929	1982,1999*	8/1
萨尔瓦多,1821	1828	1898	1921,1932,1938	1981*	5/1
危地马拉,1821	1828	1876,1894,1899	1933,1986,1989		7/0
洪都拉斯,1821	1828	1873		1981	3/0
墨西哥,1821	1827,1833,1844	1850*,1866,1898	1914,1928,20 世纪 30 年代*	1982**	8/3
尼加拉瓜,1821	1828	1894	1911,1915,1932	1979	6/0

续表 3-3

国家，独立的时间	违约或重组的年份和总次数				次数：外/内
	1800—1849年	1850—1899年	1900—1949年	1950—2000年	
巴拿马，1903			1932	1983,1987	3/0
巴拉圭，1811		1876,1891	1920,1932	1986,1988*	5/1
秘鲁，1821	1826	1850*,1876	1931**	1969,1976,1978,1980,1984,1985*	8/3
乌拉圭，1811		1876,1891	1915,1932*,1933	1983,1987,1990	7/1
委内瑞拉，1830	1826,1848	1860,1865,1892,1898		1983,1990,1995**,2000	10/1

说明：上标*的年份表示的是对内违约，上标**的年份表示对内对外均违约。

资料来源：根据 Purcell, Kaufman (1993), Reinhart, Rogoff, Savastano (2003) 及其引用的数据整理所得。

二、拉丁美洲的外债发展阶段

拉丁美洲的外债历史和它的独立历史一样长。1822年，哥伦比亚从英国获得的200万英镑贷款被认为是拉美国家得到的最早一笔外国贷款，它标志着拉丁美洲国家对外负债的开始。拉丁美洲的外债史可以分为几个阶段。

第一个阶段是初期负债阶段（1822—1870）。初期借债主要用于城市建设、修建铁路、建造港口、军费支出等。之后，有的国家由于财政拮据，不得不借债以弥补资金周转缺口。英国是拉美的主要债权国，因为英国于19世纪30年代早于其他国家完成工业革命，资本主义生产力得到空前发展，具有雄厚的资金实力，可以对海外进行资本输出。自 1822—1827 年，共有 8 个拉美国家向英国私人银行借款 12 笔，总金额达 1 993.3 万英镑。①

第二个阶段是 IFDI 超过外债的阶段（1870—1929）。自 19 世纪中期开始，得益于基础建设和经济发展，以及外国资本的深入，拉美国家经济与资本主义世界经济的关系更为密切。这一时期也是自由资本主义向帝国主义过渡的时期，国际资本运动出现新的特征。拉美国家成为英、美、法等国的重要投资场所，使其所接收的外国直接投资（IFDI）超过了其外债总额。出现这种情况的原因是，拉美矿产资源丰富，气候适宜，适合发展工矿业和农牧业，从而引发资本主义国家的大规模投资。

第三个阶段是大危机时期（1929—1945）。20 世纪 30 年代大萧条时期，资本主义国家大批银行倒闭，经济出现严重衰退。拉丁美洲的经济也受到严重打击，矿业和农牧业出口锐减。据统计，1928—1932 年间拉美国家的出口收入猛降 65%②，整个 20 世纪 30 年代外国新贷款中断，爆发了严重的偿债危机，到 1937 年逾期未还的数额占美元外债总额的 85.1%③。

第四个阶段是第二次世界大战后（1945 年至今）。拉美国家 20 世纪 30 年代的债务危机拖延至第二次世界大战后才逐步得到解决。战后拉美国家普遍实行进口替代政策，但资金严重不足，因此还需要积极寻求国外借贷。与前期不同的是，第二次世界大战后特别是进入 20 世纪 60 年代以后，拉美国家积极寻求利用官方借贷资金。官方借贷资金主要来自两个方面：一是双边政府借贷，或者一国政府为另一国的私人提供进出口信贷；二是国际金融机构对有关国家及其私人企业的信

---

① 张宝宇，周子勤，吕银春. 拉丁美洲外债简论 [M]. 北京：社会科学文献出版社，1993：2.
② 陈芝芸. 拉丁美洲对外经济关系 [M]. 北京：社会科学文献出版社，2007：81.
③ 中国社会科学院拉丁美洲研究所. 拉美问题译丛 [Z]. 1991（2）：38.

贷。这使得拉美的债务结构发生变化。20世纪80年代拉美国家经历了"失去的十年",原因是大量拉美国家出现债务危机,其涉及国家之多及金额之大,在世界债务危机历史上都是浓重的一笔。

三、亚洲和非洲的外债违约和重组

亚洲和非洲很多国家是在20世纪刚刚取得独立的,尤其是非洲国家,大部分是在20世纪60年代之后才取得了政治独立。表3-4和表3-5说明,较短的独立历史并不意味着好的外债记录。亚洲国家违约次数最多的当属印度尼西亚,违约4次。非洲国家的违约情况更加显著,虽然独立的历史只有几十年,有违约记录的国家已经超过10个,违约次数最多的当属尼日利亚,共计5次。

表 3-4 亚洲国家 1800—2000 年间违约历史

国家,独立的时间	违约或重组的年份和总次数			次数:外/内
	1800—1899年	1900—1949年	1950—2000年	
中国大陆		1921**,1932*,1939		2/2
日本		1942,1946*		1/1
印度,1947			1958,1969,1972	3/0
印度尼西亚,1949			1966,1998,2000	3/0
缅甸,1958			1984*,1987*	0/2
菲律宾,1947			1983	1/0
斯里兰卡,1948			1980,1982,1996*	2/1

说明:上标*的年份表示的是对内违约,上标**的年份表示对内对外均违约。
资料来源:根据 Purcell, Kaufman (1993), Reinhart, Rogoff, Savastano (2003) 及其引用的数据整理所得。

表 3-5 非洲国家 1800—2000 年间违约历史

国家,独立的时间	违约或重组的年份和总次数			
	1800—1899 年	1900—1949 年	1950—2000 年	次数:外/内
阿尔及利亚,1962			1991	1/0
安哥拉,1975			1976*,1985,1992*	1/2
中非,1960			1981,1983	2/0
科特迪瓦,1960			1983,2000	2/0
埃及	1876		1984	2/0
肯尼亚,1963			1994,2000	2/0
赞比亚,1964			1983	1/0
摩洛哥,1956		1903	1983,1986	3/0
尼日利亚,1960			1982,1986,1992	3/0
南非,1910			1985,1989,1993	3/0
突尼斯	1867			1/0
津巴布韦,1965			1965,2000	2/0

说明:上标*的年份表示的是对内违约。
资料来源:根据 Purcell, Kaufman (1993), Reinhart, Rogoff, Savastano (2003) 及其引用的数据整理所得。

四、非洲:债务负担最沉重的地区

非洲国家自独立以来,债务形势一直不容乐观,经济欠发达使它们不得不借新债还旧债,以致债务累积严重。1970 年,非洲的外债总额约 130 亿美元,到 1980 年,达到 550 亿美元,到 1990 年,则猛增至 1 830 亿美元,到 1999 年,非洲大陆的外债总额已高达 3 500 亿美元,相当于非洲国家国民生产总值(不包括南非)的 93%,占出口总额的 327%。[①]

[①] 杨光,温伯友. 中东非洲发展报告:2000—2001 年[M]. 北京:社会科学文献出版社,2001:269.

非洲的债务文件显示，北非的债务问题比撒哈拉以南非洲的债务问题更加显著。1970—2002年间，整个非洲大陆接受贷款约5 400亿美元，已偿还本金和利息约5 500亿美元，仍有2 950亿美元外债。其中北非接受贷款2 940亿美元，偿还本金和利息2 680亿美元，外债存额是2 100美元；撒哈拉以南非洲接受贷款2 454.46亿美元，偿还本金和利息2 808.33亿美元，外债存额847.76亿美元。①

从债务结构来看，非洲的债务主要是长期债务，且有一半以上是官方或者官方担保的外债。1980年，非洲国家有56％的外债是官方或官方担保的，其中多边外债占总外债的比重是14％；到了1995年，官方或官方担保的外债占外债总额的77％，其中多边外债占总外债的比重达到了27％。② 虽然这些长期债务多由发达国家和世界银行发放，利率比较优惠，但由于非洲国家财政收入十分有限，低利率、长期限的优惠措施还是没能卸下政府财政的沉重包袱。非洲持续几十年的债务问题成为制约其经济发展的瓶颈，相对于亚洲发展中国家来说，非洲处于"重债穷国"的境地。

第四节 主权债务危机现状

一、现状概述

21世纪前十年后期，世界经历了仅次于20世纪30年代的全球性经济危机。这场全球性经济危机始于美国。进入21世纪以来，美

---

① 杨宝荣. 债务与发展——国际关系中的非洲债务问题 [M]. 北京：社会科学文献出版社，2011：34.
② 同①，36.

国一直延续低利率政策,宽松的货币环境下房地产价格持续上涨。房地产市场的繁荣使公众产生价格会不断上涨的预期,一方面促使消费者不断借钱,在房地产市场上投机;另一方面,促使金融机构进行了一系列金融创新,将次级抵押贷款打包成金融衍生品,在金融市场上发行债券。因此,美国居民消费部门和金融系统的杠杆率不断升高,这一切源自低利率下资产价格上涨带来的财富效应和金融监管缺失下过度的金融创新。通货膨胀的压力迫使美国政府不得不实行加息政策,2006年房价开始下降,"繁荣"不再。2007年,次贷危机全面爆发。为稳定金融市场,美国政府采取了财政赤字和量化宽松的政策,主权债务比率从2007年的64.6%上升到2013年的106.5%。

美国爆发的次贷危机很快通过金融和贸易渠道蔓延到欧洲,随后大量欧元区国家陷入金融危机的泥淖。先是希腊政府于2009年10月宣布该国政府财政赤字和公共债务占国内生产总值的比例预计会远超欧盟《稳定与增长公约》中规定的上限。随后,从2009年12月到2010年4月,惠誉、穆迪和标准普尔先后分别下调了希腊的主权债务评级,标准普尔甚至将希腊的长期主权信用评级评为BB+。国际社会均认为希腊政府没有采取有力的措施来挽救这种状况,导致其财政出现极其严重的问题,从而加深了投资者的疑虑,其债务不可持续在所难免。与此同时,葡萄牙、爱尔兰、意大利和西班牙也与希腊一样,出现了财政赤字与公共债务问题。

国际社会对自2007年美国次贷危机爆发,到欧洲主权债务危机问题愈演愈烈的全球性金融危机给予了广泛的关注。有学者还将此与20世纪30年代出现的大萧条从波及范围、破坏力和持续时间做了比较,认为此次危机造成的影响和破坏远远超过上次的大萧条,因此,有学者将此次危机称为"第二次大紧缩"。

21世纪的前十年里，已经有8个国家发生了外债违约，重灾区仍然是拉丁美洲，其中有历史上违约规模最大的阿根廷，见表3-6。

表3-6　21世纪发生债务危机或违约的国家及年份

地区	国家，违约年份	地区	国家，违约年份
欧洲	希腊，2010	拉丁美洲	阿根廷，2001，2002*
	爱尔兰，2010		多米尼加，2003*，2005
	意大利，2011		厄瓜多尔，2008
	葡萄牙，2011		巴拉圭，2003
	西班牙，2012		乌拉圭，2003
非洲	尼日利亚，2001，2004	亚洲	缅甸，2002
	津巴布韦，2006*		印度尼西亚，2002

说明：上标*的年份表示的是对内违约。

二、阿根廷：最大规模的债务违约

阿根廷曾经一度是拉丁美洲经济改革的典型，被认为是将新自由主义经济政策贯彻得最彻底的拉美国家，在20世纪90年代经历了繁荣的发展阶段。然而，20世纪80年代，阿根廷和拉丁美洲的其他国家一样，经历了"失去的十年"。一方面，欧美等国家实施紧缩货币政策，资本撤回，利率高升；另一方面，贸易条件恶化，欧美发达国家对拉美国家的初级产品征收了极高的税率，世界性贸易保护主义使很多拉美国家贸易顺差转为逆差，国际收支状况恶化。此前，阿根廷实行的是进口替代型发展战略，并采取了相应的贸易保护措施以保护国内的"幼稚"工业。但是政府的保护并没能使国内工业成长起来，为了刺激经济增长，政府不得不采取扩张的财政政策，走上了举债的道路。阿根廷政府通过发行货币来应对巨额的赤字,又造成了严重的通货膨胀,实际经济增长率甚至为负,整个国民经济陷入危机之中。

1989年,梅内姆掌权后在阿根廷进行了一系列自由主义经济改革,包括国企私有化、贸易自由化和金融自由化。国企私有化改革是由1989年颁布的《国家改革法》和《经济紧急状态法》来推动的,通过拍卖、租赁、廉价出售等方式吸引了大量的国内外资本,阿根廷政府的财政状况有所好转。然而,阿根廷国企私有化改革过程不够公开透明,国有资产出售过程中腐败、受贿现象屡见不鲜,社会贫富差距加大,秩序更加不稳定。贸易自由化方面,阿根廷改变了实行了几十年的进口替代发展战略,转而采取出口导向型发展战略,逐步取消了大部分商品的进出口限制。贸易自由化并没有提高本国产品的竞争力,阿根廷贸易状况恶化,巨额贸易逆差导致本国失业情况严重,很多中小企业难以生存。金融自由化方面,阿根廷放开对外资的管制,并且允许货币自由兑换。资本领域开放吸引了大量外资进入,对阿根廷的经济复苏起到一定的促进作用。金融市场的开放使外资在阿根廷占据了相当大的比重,阿根廷银行中超过一半是外资银行。但是,外资的投机性将阿根廷国内金融市场置于国际金融市场风险之中,一有风吹草动外资将会大量撤回,对阿根廷国内经济造成冲击。

为了配合自由主义经济改革,阿根廷还进行了货币局制度安排。货币局制度曾经成功遏制了阿根廷国内严重的通货膨胀。货币局制度的两项基本原则是:本币钉住一种外币作为基准外币,采取固定汇率;本国的货币发行受到外汇的限制。1991年,阿根廷推出的《自由兑换法》把汇率固定为1比索兑换1美元,每一比索的发行都要由外汇、黄金来担保。严重的本币高估使其出口受到重创,贸易逆差逐年扩大,经济衰退的情况下又不能使用扩张的货币政策,只能依靠财政赤字刺激需求,政府负债累累。经济混乱引致政局动荡,2001年12

月 23 日，德格里斯·萨阿临时就任阿根廷新总统，上台的第二天他就宣布停止偿还高达 1 320 亿美元的政府债务，成为历史上规模最大的违约事件。

三、美国：债务上限"水涨船高"

自 1940 年以来，美联邦总债务与 GDP 比率出现过三次高峰，分别是第二次世界大战期间、20 世纪 90 年代和当前。其中历史最高值出现于第二次世界大战期间，于 1946 年达到 121.7%。此次次贷危机过后，美国政府为救市注入大量资金，使债务比率由 2008 年的 69.7%一路攀升到 2012 年的 103.2%，是第二次世界大战以来的最高水平。据估计，2013 年年底美国债务比率达 106.5%，而在 2014 年这一比率会上升到该次的最高峰，即 107.3%。此后债务比率会缓慢下降，预计到 2018 年将降至 2012 年的水平。除此之外，美国政府财政赤字与 GDP 的比值也达到第二次世界大战后的最高水平，从 2008 年的 3.2%激增到 2009 年的 10.1%，此后的三年赤字水平占 GDP 的比重分别是 8.9%，8.6%和 6.9%。[①] 美国当前的债务形势不可谓不严重，可与欧洲重债五国相提并论。

在美国联邦债务比率不断攀升的背后，是法定债务上限的上调。法定债务上限是授权美国政府为完成法定义务可以借贷的债务总额，这些法定义务包括社会保险、医疗福利、军费开支、债务利息、税收退税以及其他支出。当政府的债务水平达到国会规定的债务上限时便不能再发债，如果需要发行更多的债务以履行政府法定义务，则需要提高债务上限。自 1960 年以来，美国国会已经 78 次批准提高债务上限，仅 2007—

---

① 数据来源：美国国会预算办公室（CBO）。

2012 年就提高了 9 次。美国的债务上限从 1960 年的 2 930 亿美元提高到了 2012 年的 16.39 万亿美元，提高了将近 60 倍。不断抬升的债务上限虽然使美国能够暂时免于债务违约，但无法改变美国政府背负庞大的公共债务以及对债务缺乏有效解决手段的事实。

美国当局对本国政府的财政问题也存在很大分歧。以奥巴马为首的民主党更加关注社会公平，坚持实行医疗改革。为了让人人享有医保权利，政府需要向低收入人群提供医疗补贴，而这会让已经背负巨额债务的政府不堪重负，因而遭到共和党的坚决反对。2013 年 10 月 1 日，由于美国民主党与共和党未能就新财年预算达成协议，美国联邦政府非核心部门停摆，直至 17 日两党就政府停摆和延长举借期限问题达成了协议。双方妥协的结果是结束政府停摆，对联邦政府的拨款延长至 2014 年 1 月 15 日，并将举借期限延长至 2014 年 2 月 7 日。中国著名的评级机构大公国际于 2013 年 10 月 17 日将美国本币及外币信用等级从 A 降至 A－，维持负面评级展望。大公国际下调美国信用等级的主要原因是，联邦政府债务增速大幅高于财政收入和 GDP 的基本面并没有改变，借新债还旧债的模式增加了政府还债能力的脆弱性。

四、欧元区：多米诺骨牌效应

本轮全球性金融危机中，欧元区的主权债务危机引起了最广泛的关注和讨论。欧元区最先爆发主权债务危机的是希腊，其于 2010 年 4 月宣称，如果在 5 月前得不到欧盟和 IMF 的救助，将无法为即将到期的 200 亿欧元国债再融资。2010 年 4 月，标准普尔将希腊的主权信用评级下调为 BB＋后，希腊很难在国际市场上借新债还旧债，且国内的银行业同时遭遇资金撤离的冲击。随着希腊国债被大规模抛售，国债收益率急剧上升，债务危机一触即发。为了应对欧元区国家可能面对的债务危机，2010 年 5 月 10 日欧盟成员国财政部达成一项救助机制，总额为

7 500亿欧元，其中4 400亿欧元由欧元区国家提供，2 500亿欧元由IMF提供，600亿欧元由欧盟在金融市场上筹集。法国前总统萨科齐2011年10月接受电视采访时称，当初让希腊加入欧元区是个错误，因为希腊经济还没做好与其他成员国形成货币联盟的准备。

然而希腊的债务危机只是欧元区危机的开始。主权债务危机很快传染到欧元区的其他国家，爱尔兰第二个倒下，紧接着西班牙、意大利、葡萄牙纷纷遭遇国家信用危机，主权信用评级下调，欧元区市场利率攀升。从债务比率上来看，负担最重的是希腊，其政府金融债务与GDP的比率从2008年的122.4%上升到2013年的186.9%；意大利次之，其债务比率从2008年的118.9%上升到2013年的145.7%；爱尔兰则是债务比率上升最快的国家，2013年政府债务比率是132.3%，比2008年上升83个百分点；相比之下西班牙的债务负担最轻，2013年的债务比率是99.6%。[①]

主权债务危机在欧元区集中爆发并非偶然。一方面，危机来自外部金融危机的冲击和评级机构的推波助澜；另一方面，更重要的原因是欧元区自身的问题。欧元区内部经济发展不对称，各成员国经济发展水平不一致，经济增长结构差异，内部贸易失衡，核心成员国和边缘成员国偿还外债的能力不同。除此之外，欧元区货币政策统一，财政政策不统一，使得各成员国只能通过财政赤字的办法刺激经济增长。在经济下滑的情况下，一方面，税收来源减少；另一方面，财政支出增加，债务积累在所难免。

五、日本：高而不倒的债务

学术界对日本主权债务的讨论不像对欧美债务危机的讨论那么热

---

① 数据来源：OECD数据库。

烈。事实上，日本的债务比率在世界上是最高的。OECD 的统计数据显示，2007 年日本政府的金融债务与 GDP 之比为 167.1%，2013 年这一比率上升到 227.2%，提高了 60 个百分点。日本庞大的债务规模背后有着深刻的历史背景。其实，日本发行国债的时间比其他发达国家晚，第二次世界大战后财政收入一直比较均衡，直到 1966 年才第一次发行公债，此后日本的均衡财政政策被赤字财政政策取代，公债利息支出成为日本政府财政支出中的重要一项。

"广场协议"的签订对日本的财政政策也产生了重要影响。20 世纪 80 年代，美国对外贸易逆差大幅增长，财政赤字剧增。美国希望通过美元贬值增加产品出口，改变国际收支不平衡的状况，矛头指向了巨额贸易顺差的日本和德国。1985 年 9 月，美国、日本、德国、法国、英国五个国家的财政部长和央行行长在纽约的广场饭店举行会议，达成五国政府联合干预外汇市场使美元兑换主要货币有秩序下调的协议，即"广场协议"。协议中规定，日元和马克应大幅升值以挽回被高估的美元价格。此后，各国在国际外汇市场大量抛售美元，美元大幅贬值。仅仅 3 个月的时间，日元兑美元升值了 20%。日本的出口受到重创，政府不得不依靠扩张的赤字政策刺激经济增长。20 世纪 80 年代日本的主权债务比率最高达到 78%，而这一数值在 20 世纪 70 年代大都低于 40%。

"广场协议"之后，日元持续升值，国际资本大量流向日本的股市和房产，致使日本股价和地价的增速远超其名义 GDP。严重的经济泡沫为日本埋下了隐患，终于在 20 世纪 90 年代初爆发了历史上最严重的一次房地产危机，日本经济陷入不景气状态。为了刺激萧条的日本经济，日本政府采取了积极的财政政策，此后债务与 GDP 的比率一路攀升。

第四章 主权债务危机的特征事实

纵观几个世纪以来的主权债务危机历史可以发现,政府债务危机是各类金融危机中普遍遇到的问题。很多新兴市场国家出现了多次违约,发达国家在从新兴市场经济体发展到成熟发达经济体的过程中也是如此。大多数国家并没有避免主权债务违约的威胁,但并不是所有的危机都一样。一些国家(通常是新兴市场经济体)在债务比率较低的状况下发生违约;而另外一些国家却可以高债务比率与低风险并存;还有少数国家,如澳大利亚、新西兰、丹麦、泰国等,从未出现过债务违约。一个国家是否会出现债务危机,会在多高的债务水平上发生违约,这与违约发生前国内外宏观经济形势及自身的债务结构相关。以无条件设定的临界值作为债务阈值,如某一个债务/产出比率,可能没有任何价值,因为不同国家的债务阈值往往都不一样。本章试图解决的问题是:与主权债务危机发生相联系的一些特征事实,即债务危机或违约发生时的国内外宏观经济状况、债务结构情况及汇率制度安排。以每次主权债务危机或违约发生时的债务/GDP比率作为一个债务阈值,利用每次危机发生时的宏观经济指标、债务结构以及汇率制度的差异,便可以解释不同国家债务阈值存在较大差异的原因。

第一节 多次违约与债务不耐

第三章对主权债务违约历史的梳理已经表明,新兴市场国家和发达国家新兴市场阶段出现了多次违约。如果比较这些国家违约时的债务比率可以发现,有些国家在较低的债务比率上就出现了违约,对债务的耐受程度较低。

一、多次违约

（一）多次违约的表现

很多国家屡次发生外债违约,包括新兴市场国家和发达国家新兴市场阶段,整个周期具有相似性。西班牙从 16 世纪到 19 世纪违约了 14 次,记录中最早的一次是 1557 年,最晚的一次是 1882 年。而在 19 世纪,葡萄牙、德国和奥地利外债违约 5 次,希腊也"不甘落后",违约 4 次。土耳其在过去 150 年间违约了 6 次。法国 1550—1800 年间违约 8 次（不可否认,1700 年之前法国政府的债务主要由国内债权人持有,"重组"通常通过将债权人"斩首"来完成）。法国在出现 8 次违约之后成功升级,赢得了更好的信誉,但是摆脱债务不耐的过程从来都是漫长而艰难的,恢复可能需要几十年甚至几个世纪。

很多今天经历严重债务问题的拉美国家在 20 世纪 80 年代也经历过债务问题,同样在 20 世纪 30 年代、19 世纪 70 年代、19 世纪 20 年代也是如此。巴西在过去的 200 年间违约了 8 次,同时期内委内瑞拉违约了 10 次,阿根廷违约了 7 次。进入 21 世纪之初（2001 年）,阿根廷发生了历史上规模最大的债务违约,而今阿根廷又在面临着债务违约的威胁。2013 年阿根廷比索贬值 26%,国内通货膨胀率达到 11%[①],小麦和大豆出口价格下降,外汇储备持续减少,这都严重威胁着阿根廷主权债务的可持续性。目前,阿根廷的通货膨胀率高达 30%—40%,贷款年利率飙至 50%,一年期贷款的总成本是贷款额的 85% 左右。即年初贷 1 万比索,年底需还 1.85 万比索。[②] 即使是如此高的利率,考虑到通胀风险,商业银行也不太愿意贷款,基本不向个人发放 1 年以上的贷款。阿根廷的经济、金融动荡,吸引了众多投资者的目光。由于阿根廷过去"不光彩"的债务违约历史,该国政府很难在国际资本市场上获得贷款,即使能够找到借款对象,利率必然高得无法承受。因此,阿根廷的私人和政府都将因为无法获得贷款而"哭泣"。

事实上,这些国家在他们的内部债务上也出现了违约,通过高通货膨胀或者恶性通货膨胀的形式进行。1824—2001 年间,巴西和阿根廷的债务有 1/4 的时间不是违约就是重组,委内瑞拉和哥伦比亚几乎 40% 的时间是违约或者重组,墨西哥自从独立以来几乎一半的时间都在违约或重组。平均说来,反复违约国家有 1/4 的时间内年通货膨胀率超过 40%。也有一些国家避免了违约或者重组,印度、韩国、马来西亚、新加坡和泰国就在这一光荣榜上。

(二) 多次违约的起因

历史上发生过 200 多次主权债务违约,每次都是因为政府财政难以为继。不同时期的财政问题是由不同的原因引起的,但是,都与政府所承担的职能有关。从债务违约的起因来看,早期危机大多与政治

---

① 11% 是阿根廷官方公布的数据,反对派立法者提供的数据是 28%(出处:美国《商业周刊》网站,2014 年 1 月 23 日)。
② 数据来源:中金在线。

和战争有关，财政入不敷出的原因是战争时期庞大的军费开支。第二次世界大战以后的债务危机往往是由经济原因引起的，与财政结构不合理、金融系统脆弱及国际经济传导有关。

1. 战争与政治

自然经济状态下，政府所承担的职能相对简单，主要局限于维护国内统治和抵御外来入侵。政府的支出主要用于政治和军事统治，例如维护治安、对内镇压和军事防御，在社会管理和经济建设的职能方面相对微弱。重视政治军事而轻视经济建设的职能定位决定了只有在发生动乱和战争时政府的财政支出规模才会迅速扩张，相应的举债规模也会骤然扩大。因此，战争是自然经济时代政府发行公债和公债规模迅速扩张的主要因素。一旦战争结束，政府的支出规模与公债水平都会相应下降。历史记载最早的债务违约便与战争有关。英格兰国王爱德华三世对法国国王腓力六世发动战争，过于巨大的军费开支使爱德华三世无力支撑，最终使佛罗伦萨的两家银行破产。西班牙菲利普二世（1556—1598）时期，庞大的军费开支使得王室的财政状况入不敷出，分别于1557年、1560年、1575年和1596年出现过四次皇家财政破产事件，西班牙的经济状况日趋恶化。光是16世纪和17世纪，西班牙就出现了6次违约。法国早期的多次违约也与战争分不开。17世纪末和18世纪初，法国国王路易十四发动了他人生中最后两次欧洲大战，即奥古斯堡联盟战争（1689—1697）和西班牙王位继承战争（1701—1714）。这两场欧洲大战消耗的庞大军费终于拖垮了法国王室，售官财政并没有帮助法国摆脱债务违约的命运。

2. 宏观调控

20世纪以来，经济危机不断爆发。凯恩斯的宏观干预思想战胜了古典经济学"看不见的手"的调节思想，政府"看得见的手"的作用得到了很大发挥。垄断资本主义时代至今，政府发挥了政治职能与经济职能的双重作用。鉴于国家的职能因为履行经济职能而开始膨胀，大量发行公债便成为必要的手段。政府所承担的经济职能较为广泛，主要体现在：①提供公共产品和服务。政府通过政府管理，制定产业政策，计划指导，规划就业等方式对国民经济进行间接控制；同时，政府还发动企业和社会组织的力量，与其一道承担提供公共产品的服务。政府提供的公共服务包括基础设施及科教文卫，为社会发展提供"硬环境"和"软环境"。②宏观调控，弥补市场失灵。由于市场机制在调节经济过程中存在各种缺陷，政府必须加强对市场的调节，通过对"量"和"结构"的调控，达到资源的最优化配置和产业结构的升级和优化。政府的宏观调控需要灵活采用经济、法律、行政等诸多手段，财政政策和货币政策便是政府的经济手段。根据凯恩斯的宏观调控思想，在经济不景气失业率居高不下的状况下，政府要扩大财政支出刺激经济增长，发行公债便是有效的手段。

（三）债务危机转向发达国家

20世纪之前的主权债务违约事件大多发生在新兴市场经济体。14—18世纪的债务违约大多发生在欧洲国家，那个时期它们也处于新兴经济体阶段。到了19—20世纪，拉丁美洲和非洲国家逐渐占据了债务违约国家的主要组成部分。尤其是20世纪，欧洲发达国家只在两次世界大战时期出现过违约。21世纪头十年爆发的债务危机体现出一个显著特征，即债务危机从发展中国家和欠发达国家转向发达国家。

本轮债务危机的主角是偿债能力较强、信用状况较好的发达国家。2007年，美国爆发次贷危机，随后引发全面金融危机。美国和欧元区国家陷入重债的泥淖不能自拔，尤其是希腊、葡萄牙、爱尔兰、意大利和西班牙，国家财政处于崩溃的边缘。这些国家公共开支剧增的同时，还面临着税收减少的窘境，公共债务水平只升不降。"末日博士"鲁比尼曾指出，希腊将在2012年或2013年退出欧元区，还有一些悲观的学者预言欧元区将要解体。日本作为"一线"发达国家，在经历了大地震之后，用于灾后重建的政府资金投入巨大，使原本已经很高的债务比率上升到200%以上，政府负债超过了GDP的两倍，成了第二次世界大战后发达国家历史上财政状况恶化最严重的国家。

二、债务不耐：多次违约的症结

债务不耐指的是这样一种症状，即很多新兴市场国家在债务水平上面临巨大的束缚，即使债务比率对于发达国家来说是可控的。债务不耐的新兴市场国家面临着如下难题：国际资本市场投资者认为高债务不耐国家的违约风险很高，对其丧失信心，要求较高的风险溢价，这导致政府债务的利率水平上升。如此一来，新兴市场国家便陷入信心丧失、利率上升和债务累积的恶性循环之中，因而持续处于违约的边缘。债务不耐是造成多次违约的原因，而一旦一个国家陷入系列违约，它就很难摆脱债务不耐。债务不耐最严重的国家借债时违约的风险也最大，但它们往往还借得最多，外债余额可以达到出口额的好几倍。这正像是一个乳糖不耐的人偏偏沉溺于喝牛奶。历史数据强有力地说明，具有高债务不耐的新兴市场经济体的阈值远低于发达工业经济体或者从未发生外债违约的新兴市场经济体，正如前面所述，自1970年以来，发生违约或者重组的国家中，有一半国家的外债与GNP之比低于60%。奇低的债务"安全"阈值往往与一个国家较弱的财政结构、金融系统和国际收支有关系。

债务不耐可以由两种方法表示：第一种方法是债务比率。用债务与GDP或者出口的比率来表示危机发生时的债务水平，即债务阈值。

债务阈值越低则说明债务不耐越严重。Reinhart 和 Rogoff（2003）认为可以利用外债总额（公共债务加上私人债务）来识别可持续的债务水平，原因是历史上新兴市场国家大部分政府债务都是外部的，而且危机发生前少量的私人债务在危机发生后也变成了公共债务。第二种方法是主权信用评级的得分。机构投资者评级（IIR）一年发布两次，对于每个国家的评级得分介于 0—100 之间，得分越高表明违约风险越小。陷于多次违约的债务不耐国家则得分较低。Reinhart 和 Rogoff（2010）结合机构投资者评级打分和债务比率，对 1979—2007 年存在机构投资者公开评级的 90 个国家进行了分类和分区。根据机构投资者评级得分把 90 个国家分为三组：A 组由 1979—2007 年平均 IIR 值不低于 73.5[①] 分的国家组成。这类国家一般都是发达经济体，它们能够比较容易地进入国际资本市场，偿债记录比较好，是债务不耐程度最低的国家。C 组由 1979—2007 年平均 IIR 值不高于 21.7[②] 分的国家组成。这类国家不容易在国际资本市场上获得私人贷款，因此外债主要来源于官方贷款或者国际社会援助，债务不耐程度最高，最易于违约。剩下的是 B 组，由 1979—2007 年平均 IIR 值处于 21.7—73.5 之间的国家组成。这类国家包括处于违约边缘的准债务不耐型国家，也包括可能从多次违约中升级的国家，因此债务不耐的程度不同，脆弱性差异较大，应该是重点分析对象。

如图 4-1 所示，Reinhart 和 Rogoff（2010）根据外债/GNP 的比值将处于 B 组的国家分成了四个区域：债务不耐程度最轻的区域 B1、债务不耐程度最重的区域 B4，以及准债务不耐区。他们的得分以 47.6[③] 作为分界线。在得分高于 47.6 分的国家里，外债/GNP 小于

---

① 73.5 是由 1979—2007 年 90 个国家的 IIR 得分均值加上一个标准差得到的。
② 21.7 是由 1979—2007 年 90 个国家的 IIR 得分均值减去方差得到的。
③ 47.6 是 B 组国家 IIR 得分的均值。

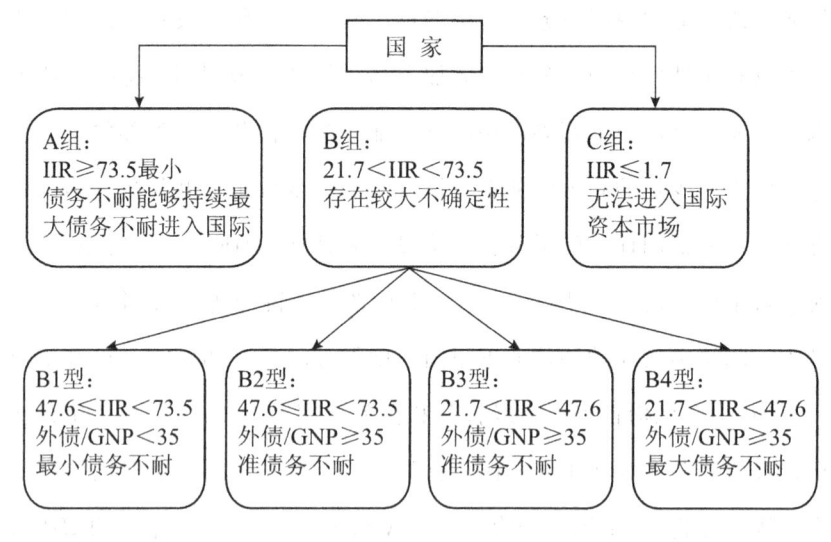

```
                              ┌─────────┐
                              │  国 家  │
                              └─────────┘
              ┌──────────────────┼──────────────────┐
              ▼                  ▼                  ▼
     ┌────────────────┐ ┌────────────────┐ ┌────────────────┐
     │     A组：      │ │     B组：      │ │     C组：      │
     │ IIR≥73.5最小   │ │21.7<IIR<73.5   │ │  IIR≤1.7       │
     │ 债务不耐能够持续最│ │存在较大不确定性│ │ 无法进入国际   │
     │ 大债务不耐进入国际│ │                │ │ 资本市场       │
     └────────────────┘ └────────────────┘ └────────────────┘
```

图 4-1 债务不耐分区

数据来源：Reinhart 和 Rogoff(2010)。

B1型：47.6≤IIR<73.5，外债/GNP<35，最小债务不耐
B2型：47.6≤IIR<73.5，外债/GNP≥35，准债务不耐
B3型：21.7<IIR<47.6，外债/GNP<35，准债务不耐
B4型：21.7<IIR<47.6，外债/GNP≥35，最大债务不耐

35%的国家债务不耐程度最低，而得分低于 47.6 分的国家里，外债/GNP 高于 35%的国家债务不耐程度最高。由此可见，在同一个 IIR 得分区里，债务不耐程度与债务比率高低成正向变动关系。

第二节　债务阈值迥异

纵观历史，主权债务违约或者危机发生时各国具有不同的债务比率（即主权债务与 GDP 的比值）。为什么各债务危机国家的债务会在差异很大的债务比率上出现违约或重组，是本书要解决的核心问题。本小节将对债务阈值（违约或危机时的债务比率）进行合理规范的定义，然后考察债务阈值的分布特征。

一、债务阈值的定义

债务阈值指的是这样一个比值,即在保证一个国家能够按期偿还其债务本金和利息的前提下,该国主权债务余额与经济总量(一般由 GDP 或 GNP 表示)的最高比率。债务阈值是一个"安全"的临界值,起到"门槛"的作用,超过这个门槛的债务比率将会遭遇债务不耐,面临违约的风险。不高于该临界值的债务水平是"安全"的,是可持续的债务水平,不会对本国经济和债权人造成不利影响。欧盟《稳定与增长公约》规定,欧元区各国政府的财政赤字不得超过当年 GDP 的 3%,公共债务不得超过当年 GDP 的 60%。一些学者认为,新兴市场国家的债务水平的基准是发达经济体的债务可持续水平,而新兴市场国家的债务阈值不可能高于发达经济体。由于各国的情况不一样,且每一次主权违约发生时的债务比率都不相同,大部分高于 60%,还有一部分低于 60%,因此并不存在统一的债务阈值。本书为了分析和研究的需要,将债务阈值定义为历史上每次债务违约或债务危机发生时的债务/GDP 比率。这样一来,债务阈值就成了可以观测的变量。

二、债务阈值的差异

历史数据表明,不同国家在发生债务违约时的债务比率差异很大。较高的债务水平不一定会引发债务危机。债务比率高的经济体只要具有足够的偿付能力,便不会发生债务危机,如日本。对于发展中国家来说,如果债务比率过高,必然会面临重大的违约风险。即使是在较低的债务水平上,很多发展中国家也发生了违约。图 4-2 是根据历史上 160 次债务违约年份的债务比率绘制的分布图。这 160 个样本点债务阈值的均值是 73.9%，中位数是 62.1%，最大值是 605.6%，最小值是 3.1%。债务阈值最大值达到最小值的 200 倍之高，可见违约时的债务比率差异有多么大。

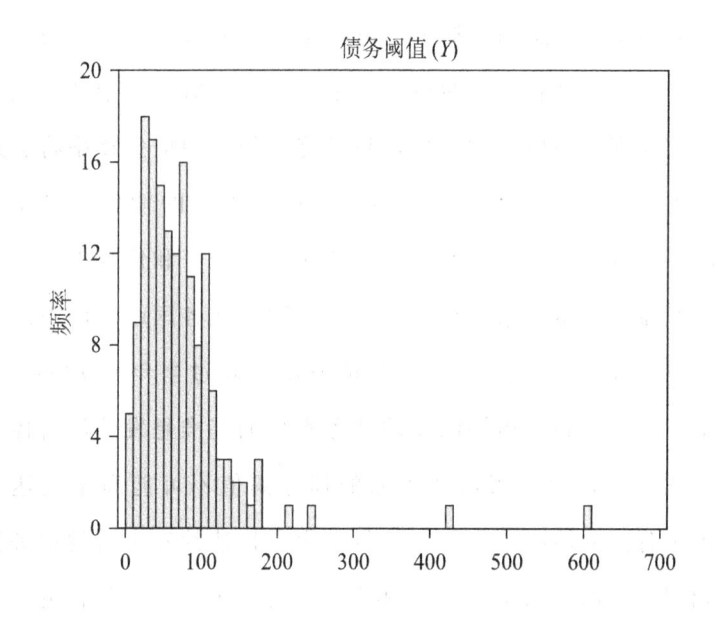

图 4-2　160 个违约样本点的债务阈值分布情况/%

数据来源：RR（Reinhart，Rogoff）数据库。

如果把债务阈值划分为 40%，60% 和 100% 这三个等级，通过表 4-1 可以更加直观地了解历史上有数据可考的 160 个债务阈值的分布情况。根据表 4-1 的统计结果，债务阈值低于 40% 的样本点有 49 个，占据 30.6% 的比率，也就是说，160 次观测到的债务违约事件中，有 49 次是在低于 40% 的债务比率上发生的。债务阈值低于 60% 的样本点有 78 个，占据 48.7% 的比率，也就是说，有将近一半的债务违约事件是在债务比率低于 60% 的情况下发生的。债务阈值超过 100% 的样本点只占 21.9%。

表 4-1　历史上 160 次违约发生年份的债务阈值频度分布

违约国家的债务阈值范围	该范围内的国家占比
＜40%	30.6%
40%—60%	18.1%
60%—100%	29.4%
＞100%	21.9%

数据来源：RR（Reinhart，Rogoff）数据库。

外债阈值（外债违约年份的外债/GDP 比率）同样有很多不高于 60%。以 1975 年以来发生外债违约的发展中国家为例，数据表明，很多发展中国家发生外债违约的年份实际外债比率是很低的。例如，土耳其在 1978 年发生债务违约时，其外债与 GNP 的比率只有 21%；阿尔巴尼亚在 1990 年发生债务违约时，其外债与 GNP 的比率是 16.6%；而厄瓜多尔在 2008 年发生外债违约时外债与 GNP 的比率是 20%。如表 4-2 所示，过去四十年来发生外债违约的中等收入国家里，有大约一半的债务比率没超过 60%。

表 4-2　1970—2008 年中等收入国家违约时的外债比率/%

国　家	违约年份	外债/GNP	外债/出口
土耳其	1978	21	374.2
牙买加	1978	48.5	103.9
秘鲁	1978	80.9	388.5
玻利维亚	1980	92.5	246.4
洪都拉斯	1981	61.5	182.8
哥斯达黎加	1981	136.9	267
多米尼加	1982	31.8	183.4
委内瑞拉	1982	41.4	159.8

续表 4-2

国　家	违约年份	外债/GNP	外债/出口
墨西哥	1982	46.7	279.3
阿根廷	1982	55.1	447.3
圭亚那	1982	214.3	337.7
巴　西	1983	50.1	393.6
乌拉圭	1983	63.7	204
菲律宾	1983	70.6	278.1
摩洛哥	1983	87	305.6
巴拿马	1983	88.1	162
智　利	1983	96.4	358.6
秘　鲁	1984	62	288.9
厄瓜多尔	1984	68.2	271.5
埃　及	1984	112	304.6
特立尼达和多巴哥	1989	49.4	103.6
约　旦	1989	179.5	234.2
阿尔巴尼亚	1990	16.6	98.6
保加利亚	1990	57.1	154
伊　朗	1992	41.8	77.7
独立国家联合体	1998	58.5	115.8
厄瓜多尔	2000	115.1	181.5
阿根廷	2001	50.8	368.1
厄瓜多尔	2008	20	81

数据来源：世界银行各年度《全球发展金融》（GFD），Reinhart，Rogoff，Savastano(2003)。

为了能够更加清楚地看到这些国家发生外债违约时的外债阈值分布，将外债阈值分为以下几个类别：第一类是债务阈值低于40%的情况；第二类是债务阈值处于40%—60%的情况；第三类是债务阈值处于60%—100%的情况；第四类是债务阈值大于100%的情况。根据这种分类标准，本书计算了1970—2008年中等收入国家违约发生时外债水平的频度分布，如表4-3所示。

表4-3 1970—2008年发展中国家违约发生时外债水平的频度分布

违约国家的外债阈值范围	该范围内的国家占比
<40%	13.8%
40%—60%	34.5%
60%—100%	34.5%
>100%	17.2%

数据来源：根据表4-2中数据计算所得。

有一个非常显著的特征，即绝大多数发生外债违约国家的外债与出口的比率都超过了100%。外债/出口是一个很好的指标，可以衡量一个国家真正的外债负担。如表4-1所示，有将近60%的国家违约时外债与出口的比率超过200%。有些国家虽然外债与GNP比率不高，但外债与出口的比率远超100%。例如，土耳其1978年外债与GNP的比率才21%，但外债与出口的比率达到374.2%；阿根廷在1982年和2001年出现的外债违约中，外债与出口之比都在400左右。总的来说，拉美国家以出口额衡量的外债负担最重，像巴西、秘鲁、智利、圭亚那等。亚洲的土耳其、约旦和非洲的埃及外债负担也很重。图4-3是依据表4-2中29个发展中国家违约时的外债/GNP和外债/出口比率绘制而成，呈现了各国以产出和出口衡量的外债水平。可以发现，以出口衡量的外债负担差异显著，出口收入较低可能是这些国家在较低的外债/GNP水平上违约的重要原因。

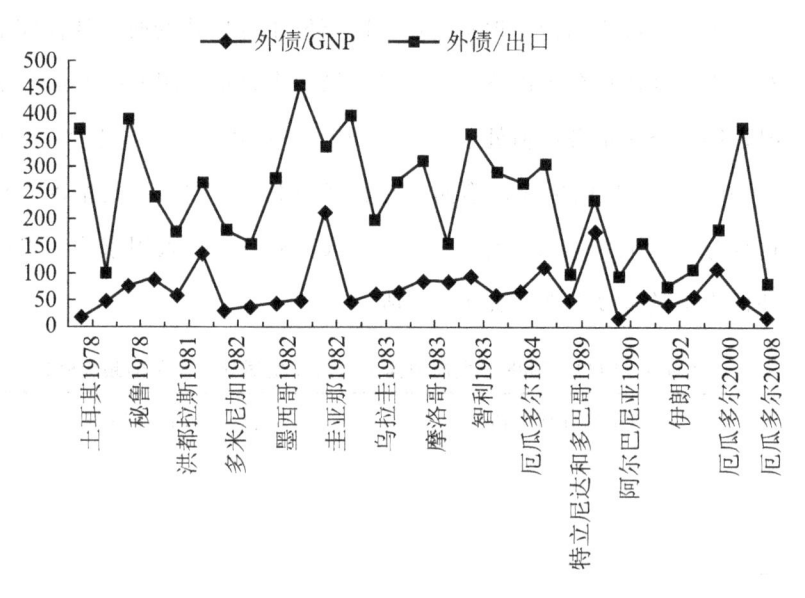

图 4-3　1970—2008 年间违约的中等收入国家的外债比率/％

数据来源：根据表 4-2 所绘。

表 4-2 和图 4-3 表明，发展中国家会在较低的外债水平上出现违约，且债务水平与违约风险的关系应该是单调的，即债务比率越大，违约的风险越高。但是这一规律对于发达经济体却未必那么明显。有些发达国家，高债务水平可以与低风险共存。日本是一个显著的例子。日本在 1970 年的主权债务余额与 GDP 的比率只有 10.7％，此后缓慢上升，但自 1997 年债务余额超过 GDP 之后，债务/GDP 比率迅速攀升，目前已经逼近 230％，但是理论界对日本债务的担忧远不像欧美国家那样严重。美国自 2007 年以来债务比率上升了 30 多个百分点，超过了 100％，且中间曾经面临债务上限的困扰，但令人担忧的违约并没有到来。为什么不同国家的债务阈值会有这么大的差异？很多发展中国家在低于 60％的债务水平上出现违约，且不止违约一次，而也有很多国家的债务比率超过 100％仍然是可持续的。依照本书第二章对主权债务可持续性研究所做的文献梳理，只要一个国家的经济增长率大于债务利率或者进出口之间具有协整关系，该国的债务就是

可持续的。事实表明，仅仅关注经济增长率和债务利率之间的关系或者进出口贸易之间的关系是不够的，不能够解释这些国家显著的债务阈值差异。要弄清楚不同国家债务阈值存在显著差异的原因，还应该寻找具有充分解释力的宏观经济因素。

三、债务阈值与外债比率

历史上很多个债务违约年份的数据表明，债务阈值与同年的外债比率有着十分紧密的关联。图4-4，展示了20世纪80年代至今22个发生过债务违约或者债务危机的国家债务阈值与同年外债比率的折线图，该图将债务阈值与同年外债比率的紧密联系清晰地展现了出来。

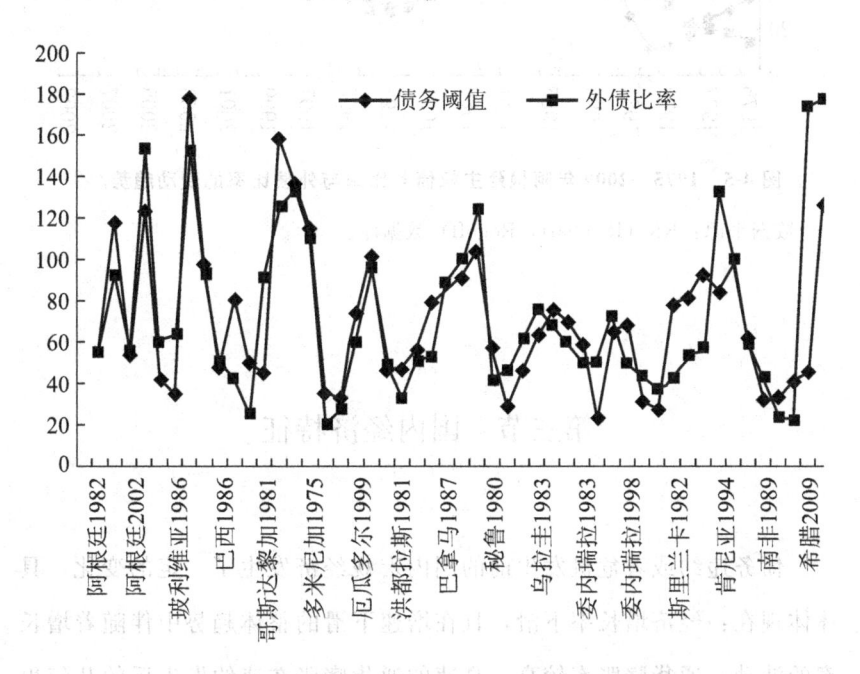

图 4-4　1980 年以来 22 次债务违约（危机）中的债务阈值与外债比率/%

数据来源：RR（Reinhart，Rogoff）数据库。

事实上，不只是债务违约或危机年份，在其他年份主权债务比率与外债比率也存在着紧密的关系。它们的数值比较接近，且朝着相同的方向变动。以阿根廷为例，图4-5，展示了1975—2009年阿根廷的主权债务比率与外债比率的变动趋势。显而易见，二者几乎同时上升或者下降，且数值差距不大。

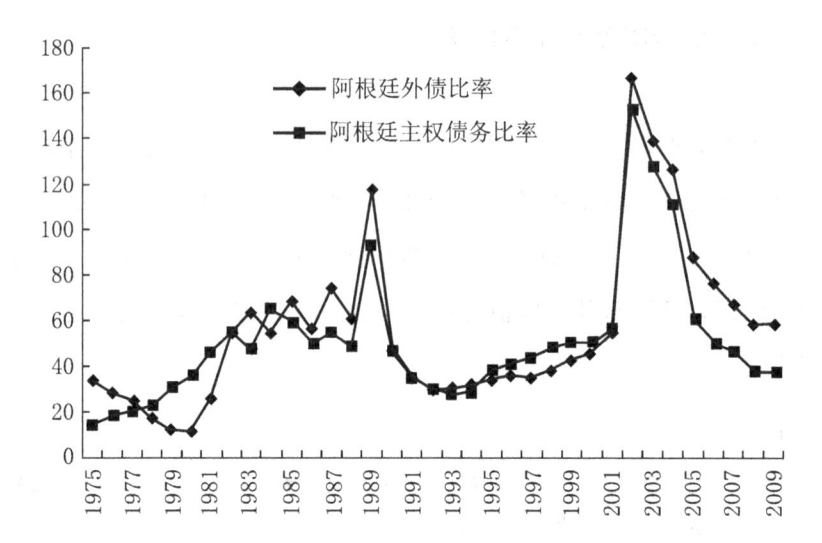

图 4-5　1975—2009年阿根廷主权债务比率与外债比率的变动趋势/%

数据来源：RR（Reinhart，Rogoff）数据库。

第三节　国内经济特征

债务违约或者危机发生前的国内宏观经济发生了一定的变化，具体体现在：经济增长率下滑，且在增速下滑的整体趋势中伴随着增长率的波动；通货膨胀率较高，高速的通货膨胀在违约发生后的几年里仍在继续，且国内债务违约年份的通货膨胀率更高。

一、经济增速下滑且波动

债务危机或债务违约发生时有一个典型特征就是经济不景气。经济不景气是指经济增长缓慢或者不增长,体现在实际经济增长率较低,甚至出现负增长。历史上很多债务违约的案例都体现了这一点。出现债务危机或者发生债务违约的国家,大多数遭受了国内经济萎靡不振的打击,其中拉美国家的表现最为显著。

(一)违约年份的经济表现

以 20 世纪大萧条时期为例。20 世纪 20—30 年代的大萧条期间,发生债务违约的国家中,只有 3 个国家实际经济增长率超过了 1%,分别是希腊、土耳其和哥伦比亚;还有 2 个国家经济增长缓慢,分别是墨西哥(1928 年增长率 0.59%)和英国(1932 年增长率 0.8%)。其余国家的经济都是负增长。经济衰退最严重的国家是智利,该国 1931 年的主权债务余额达到了同期 GDP 的 97.4%,在这个国家的违约史上是最突出的一年。智利高债务比率的背后是令人崩溃的经济下滑,1931 年的实际经济增长率是 -21%,而在此之前的一年,即 1930 年,经济已经下滑了 16%。智利的遭遇并不是个例,20 世纪大萧条前后出现债务违约的拉美国家大都出现了急剧的经济下滑。巴西 1931 年债务违约时的实际经济增长率是 -2.2%;尼加拉瓜 1932 年债务违约时的实际经济增长率是 -10%;乌拉圭 1933 年债务违约时的实际经济增长率是 -12.5%。当时的发达国家,如德国、美国发生债务危机时也经历了经济衰退的考验,德国 1932 年违约时的实际经济增长率是 -7.5%;美国 1933 年违约时的实际经济增长率是 -2.2%。

图 4-6,展示的是 1900 年以后 115 次有历史数据可考的债务违约

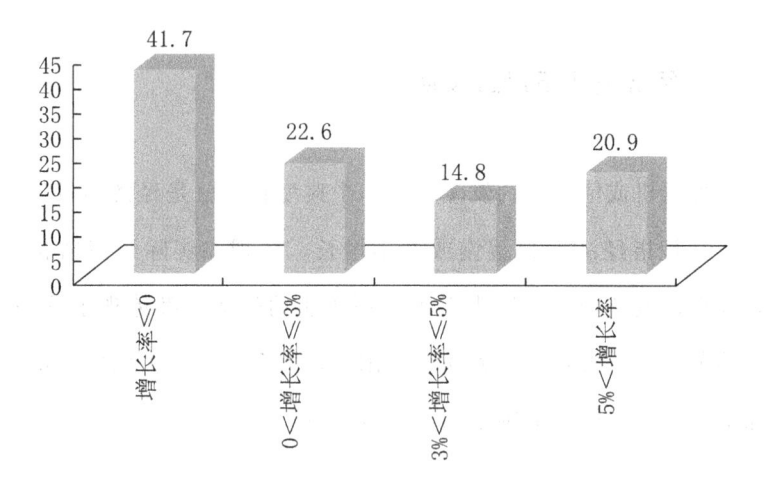

```
     45 ┐ 41.7
     40 ┤
     35 ┤
     30 ┤          22.6
     25 ┤                            20.9
     20 ┤                  14.8
     15 ┤
     10 ┤
      5 ┤
      0 ┴─────────────────────────────────
         增长率≤0  0<增长率≤3%  3%<增长率≤5%  5%<增长率
```

图 4-6　1900 年以后 115 个违约（危机）年份的经济增长率分布/%

数据来源：根据 Maddison 数据库计算得出，经济增长率为实际增长率。

年份的经济增长率分布，涵盖 9 个欧洲国家、18 个拉美国家、4 个亚洲国家、9 个非洲国家，还有美国。把这些国家债务危机或者违约当年的经济增长率分为四个等级，最高级别的国家（年份）经济增长率高于 5%，最低级别的国家（年份）经济增长率小于等于零，中间的两个级别分别是增长率介于零和 3% 之间，以及介于 3% 和 5% 之间。对于新兴市场国家来说，5% 的增长率并不算很高，而对于发达国家来说，3% 的增长率算是正常。由图 4-6 可以看出，大约有 42% 的违约国家遭遇了负的经济增长率，即经济倒退。经济增长率超过 5% 的国家只占据样本的 21%。有大约 65% 的国家当年的经济增长率是低于 3% 的。图 4-6，所代表的国家中超过 90% 是发展中国家，这样的经济表现显然意味着极度的不景气。

（二）违约之前的持续衰退与波动

如前所述，债务危机或者违约发生的当年，超过一半的国家处于低增长率或者负增长的状态。事实上，不只是违约年份，早在债务违约或者危机发生的前几年，经济增长方面的表现就已经令人沮丧了，表现为经济增长率下滑,且可能存在大幅度波动。表4-4,列举了1900年以来45次债务危机或违约发生年份及之前3年的经济增长率。可以发现增速整体下滑且波动的特征。

表4-4 1900年以来部分国家违约(危机)前的经济增长率/%

国家	年份 t	t 年增长率	$(t-1)$ 年增长率	$(t-2)$ 年增长率	$(t-3)$ 年增长率
英国	1932*	0.8	−5.1	−0.7	2.9
德国	1932	−7.5	−7.6	−1.4	−0.4
俄罗斯	1998	−5.3	1.4	−3.6	−4.1
阿根廷	1982	−3.2	−5.7	1.4	7.2
阿根廷	1989**	−6.2	−1.9	2.6	7.3
阿根廷	2001	−4.4	−0.8	−3.4	4.9
阿根廷	2002*	6.7	−10.8	−4.4	−0.8
玻利维亚	1980	−0.9	0	3.4	4.2
玻利维亚	1982*	−4.4	0.9	−0.9	0
玻利维亚	1986	−3.2	−0.7	1	−4.5
巴西	1914	−1.8	2.4	−1.1	11
巴西	1931	−2.2	−6	0.2	11.5
巴西	1983	−3.4	0.6	−4.4	8.8
智利	1931	−21	−16	5.2	22.5
智利	1974	−12.9	1	−5.6	−1.2
智利	1983	−2.8	−13.6	6.2	7.9
哥斯达黎加	1932	−8	−1.2	4.9	−4.2
哥斯达黎加	1983	2.8	−7	−2.7	0.7
危地马拉	1933	1	−12.5	−6.8	4.3
危地马拉	1986	0.1	−0.6	0.5	−2.6
尼加拉瓜	1932	−10	−6.4	−19.2	11.7
尼加拉瓜	1979	−26.6	−7.9	8.6	5.2

续表 4-4

国　家	年份 t	t 年增长率	$(t-1)$ 年增长率	$(t-2)$ 年增长率	$(t-3)$ 年增长率
秘　鲁	1931**	−8.1	−11.5	10.5	6.5
秘　鲁	1984	4.6	−13.4	0.1	4.6
乌拉圭	1915	−5.2	−16.7	−2.9	22.1
乌拉圭	1933	−12.5	−7.2	−17.3	13.7
乌拉圭	1983	−5.9	−9.5	1.9	6.1
乌拉圭	2003	2.2	−11	−3.4	−1.3
委内瑞拉	1983	−3.8	−2.1	−0.3	−4.5
委内瑞拉	1990	5.3	−8.6	5.8	3.6
委内瑞拉	1995**	5.9	−3.7	−0.4	7
委内瑞拉	2000	3.2	−6.1	−0.2	6.6
阿尔及利亚	1991	−1.2	−1.6	3.4	−2.1
南　非	1985	−1.2	5.1	−1.8	−0.4
南　非	1993	1.2	−2.1	−1	−0.9
津巴布韦	2006*	−6.3	−4	−3.8	−10.4
加　纳	1982*	−6.9	0.1	−3.2	−2.6
印度尼西亚	2000	4.8	0.4	−13.4	4.5
美　国	1933*	−2.1	−13.2	−7.7	−8.9
希　腊	1932	8.5	−4.2	−2.4	6
希　腊	2010	−4.9	−3.1	−0.2	3.5
爱尔兰	2010	−1.1	−6.4	−2.2	5
葡萄牙	2011	−1.3	1.9	−2.9	0
意大利	2011	0.5	1.7	−5.5	−1.2
西班牙	2012	−1.6	0.1	−0.2	−3.8

说明：带有*的年份代表国内违约，带有**的年份代表国内国外均违约。
数据来源：根据 Maddison 数据库计算所得，是实际经济增长率。

债务违约出现在经济持续疲软的年份并不难理解。经济疲软的典型表现是失业率居高不下，工厂开工不足，企业投资和家庭消费的积极性不高。随之而来的是产出下滑，出口低迷，政府税收收入大幅减少。反过来说，债务违约也会影响经济增长率，这是违约的成本之一。债务违约的成本可能非常大，尤其影响一个国家的投资、贸易和经济增长。在金融系统更加发达和开放的经济体，债务违约还会造成对该国金融系统的持续破坏，这是因为国内金融市场和国际金融市场的联系。如此一来，便陷入"衰退危机进一步衰退"的境地。

二、严重的通货膨胀

如果说多次违约是一个国家在新兴市场发展阶段的常态，那么陷入高通货膨胀则是其值得关注的另一个常态。很少有国家能够避免债务违约，也很少有国家能够避免高通货膨胀，这二者具有高度相似性。纸币没有发行时，政府赖账的主要方式是缩减硬币的价值，要么混入较便宜的金属，要么就是缩小硬币的尺寸，发行同样面额更小的硬币。第一次世界大战之前是黄金白银流通的年代，通货膨胀率较低，难以出现恶性通货膨胀预期；第一次世界大战之后纸币全面流通，情况则完全不一样了。纸币代替金属货币作为主要的交易媒介后，以通货膨胀形式进行的违约就变得普遍了。Reinhart 和 Rogoff（2009）计算了1900—2008年所有国家中发生通货膨胀危机和外债违约的国家占比，发现处于外债违约的国家比例和发生高通货膨胀（年通货膨胀率超过20%）的国家比例存在惊人的正向联动，1900—2007年二者的相关系数为0.39，1940—2007年的相关系数是0.75。

（一）违约当年的通货膨胀

当一个国家的债务负担比较重时，政府更倾向于使用通胀方法为财政赤字融资，政府这一做法阻碍了国内政府债务发行的本币市场的发展。严重的通货膨胀是 20 世纪的一个常态,尤其是第二次世界大战以后。图 4-7,展示了 1940—2010 年出现债务违约或危机的国家的通货膨胀率分布情况,共 97 个样本国家。为了能够使通货膨胀率的分布看起来更加清楚,把通货膨胀水平分为四类:第一类是较温和的通货膨胀,通货膨胀率不高于 10%;第二类和第三类是高速通货膨胀,通货膨胀率分别介于 10%和 40%之间,以及介于 40%和 100%之间;第三类是恶性通货膨胀,通货膨胀率超过 100%。计算结果显示,超过 70%的样本国家在出现债务违约或危机的年份经历了大于 10%的通货膨胀率。超过三成的国家通货膨胀率超过了 40%,达到通货膨胀危机的水平。[①] 还有个别国家债务违约前后出现了超级通货膨胀。例如,阿根廷 1989 年债务违约时的通货膨胀率达到了 3 079.5%;巴西 1990 年债务违约时的通货膨胀率是 2 947.7%;巴西 2006 年债务违约时的通货膨胀率是 1 096.7%。

(二)违约之后通货膨胀持续

债务违约之后,通货膨胀往往会持续甚至恶化。原因主要来自两个方面:一方面,由于低迷的经济形势下企业投资及居民消费不积极,政府税收来源减少;另一方面,是债务违约或危机本身的原因,出现债务危机的国家在国际资本市场上的融资成本锐增,且债务违约的国家将很难再在国际资本市场上融资。在这样不利的国内国际环境下,政府的财政支出通常还要增加,以刺激经济增长。收入锐减和国际资本市场的进入障碍使得政府转而求助于通货膨胀,有些时候甚至不惜采用极端的通货膨胀形式。表 4-5,很好地展现了这一点。阿根廷 1982 年债务违约之后就采取了超级通货膨胀,1983 年通货膨胀率

---

① 现代纸币出现以后,通常把 40%或者更高的年通货膨胀率作为严重通货膨胀危机的临界值。

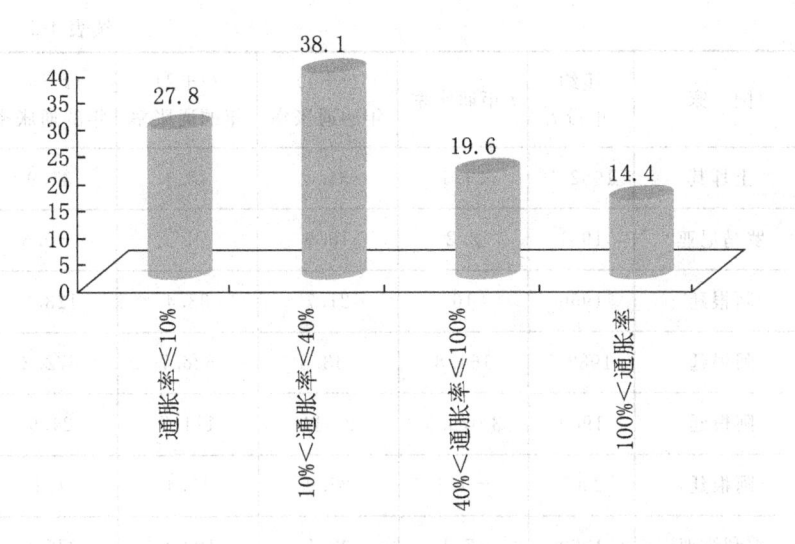

```
     40 ┐       38.1
     35 ┤ 27.8
     30 ┤
     25 ┤              19.6
     20 ┤                       14.4
     15 ┤
     10 ┤
      5 ┤
      0 ┴
       通胀率≤10%  10%<通胀率≤40%  40%<通胀率≤100%  100%<通胀率
```

图 4-7 1940—2010 年出现债务违约或危机的国家的通货膨胀率分布/%

数据来源：Reinhart 和 Rogoff(2010) 及其中引用的数据。

涨到 343.8%，随后两年则超过了 600%。

玻利维亚 1982 年债务违约时的年通货膨胀率是 123.6%，之后的 3 年里爆发了飞速的通货膨胀，到 1985 年通货膨胀率超过了 11 000%。巴西的通货膨胀也很严重，1986—1993 年间超过 1 000% 的通货膨胀率就像是家常便饭。

表 4-5 1940 年以来债务违约之后 3 年的通货膨胀情况/%

国　家	违约年份 t	t 年通胀率	$(t+1)$ 年的通胀率	$(t+2)$ 年的通胀率	$(t+3)$ 年的通胀率
奥地利	1945*	6.1	26.9	96.2	62.9
匈牙利	1941	19.4	16.2	20.2	23.2
波　兰	1981	21.2	100.8	22.1	75.6
俄罗斯	1998	27.7	85.7	20.8	21.5
土耳其	1940	22.7	68.5	49.3	−2.4
土耳其	1978	53.2	61.8	110.6	36.4

续表 4-5

国　家	违约年份 t	t 年通胀率	$(t+1)$ 年的通胀率	$(t+2)$ 年的通胀率	$(t+3)$ 年的通胀率
土耳其	1982**	31.1	31.3	48.4	31.9
罗马尼亚	1981	2.2	16.9	4.7	−0.3
阿根廷	1956	16	21.7	33.4	123.6
阿根廷	1982*	164.8	343.8	626.7	672.2
阿根廷	1989	3 079.5	2 314	171.7	24.9
阿根廷	2001	−1.1	25.9	13.4	4.4
玻利维亚	1980	47.1	32.1	123.6	275.6
玻利维亚	1982	123.6	275.6	1 281.3	11 749.6
玻利维亚	1989	15.2	17.1	22.4	12.1
巴　西	1961	50	44.4	69.2	89.5
巴　西	1964	89.5	65.1	41	30.3
巴　西	1983	135	192.1	226	147.1
巴　西	1986*	187.7	135	228.3	629.1
巴　西	1990*	2 947.7	477.4	1 022.5	1 927.4
智　利	1961	9.6	27.7	45.3	38.5
智　利	1966	17	21.9	27.9	29.3
智　利	1972	255.2	606.1	369.2	343.3
智　利	1974	369.2	343.3	199.3	84.1
智　利	1983	23.1	23	26.3	17.4
哥斯达黎加	1981	37.1	90.1	32.6	12
哥斯达黎加	1983	32.6	12	15	11.8

续表 4-5

国　家	违约年份 t	t 年通胀率	$(t+1)$ 年的通胀率	$(t+2)$ 年的通胀率	$(t+3)$ 年的通胀率
哥斯达黎加	1984	12	15	11.8	16.9
多米尼加	1982	7.6	5.6	20.2	45.3
厄瓜多尔	1984	31.2	28	23	29.5
厄瓜多尔	1999**	52.2	96.1	37.7	12.6
危地马拉	1986	32.8	10.8	10.3	13
危地马拉	1989	13	38	35.1	10.2
墨西哥	1982**	58.9	101.9	65.4	57.7
尼加拉瓜	1979	75.7	35.1	23.8	28.5
巴拉圭	1986	31.7	21.8	22.6	26.4
秘　鲁	1976	33.5	38.1	57.8	66.7
秘　鲁	1978	57.8	66.7	59.1	75.4
秘　鲁	1980	59.1	75.4	64.5	111.1
秘　鲁	1984	110.2	163.4	77.9	85.8
秘　鲁	1985*	163.4	77.9	85.8	667
乌拉圭	1983	49.2	55.3	72.2	76.4
乌拉圭	1987	63.6	62.2	80.4	112.5
乌拉圭	1990	112.5	102	68.5	54.1
委内瑞拉	1990	40.7	34.2	31.4	38.1
委内瑞拉	1995	59.9	99.9	50	35.8
委内瑞拉	1998*	35.8	23.6	16.2	12.5

续表 4-5

国　家	违约年份 t	t 年通胀率	$(t+1)$ 年的通胀率	$(t+2)$ 年的通胀率	$(t+3)$ 年的通胀率
委内瑞拉	2000	16.2	12.5	22.4	31.1
印　度	1972	7.7	23.8	25.4	−6.1
印度尼西亚	1966	1071	165	124.5	16.8
印度尼西亚	1998	58	20.8	3.8	11.5
菲律宾	1983	5.3	46.2	23.2	−0.3
斯里兰卡	1980	26.1	18	10.8	14
斯里兰卡	1982	10.8	14	16.6	1.5
阿尔及利亚	1991	25.9	31.7	20.5	29
埃　及	1984	17.1	12.1	23.9	25.2
赞比亚	1983	19.7	20	37.4	54.8
尼日利亚	1992	44.6	57.1	57.4	72.7
尼日利亚	2001	18.9	12.9	14	15
尼日利亚	2004	15	17.9	8.2	5.4
南　非	1985	16.2	18.8	16.2	12.9
南　非	1989	14.5	14.3	15.6	13.7
津巴布韦	2000	55.9	76.7	140.1	431.7
加　纳	1979*	54.5	50	116.5	22.3
加　纳	1982*	22.3	122.9	39.7	10.3

说明：带有*的年份代表国内违约，带有**的年份代表国内国外均违约。
数据来源：RR(Reinhart，Rogoff) 数据库。

（三）对内违约时通胀更显著

利用表 4-5 中的数据，可以计算 1940 年以来发生债务危机之后的 3 年内通货膨胀率的变化情况。将每年的通胀率取平均值，即可得出发生债务危机或违约国家当年通货膨胀的平均值，以及之后 3 年通货膨胀的平均水平。为了对债务违约前后的通货膨胀水平进行比较，本部分还计算了违约发生前 3 年的通货膨胀平均水平，结果如图 4-8 所示。如果将债务违约或者危机的年份标识为 t 年，则违约或者危机的前 3 年分别是 $t-1$、$t-2$、$t-3$ 年，违约或者危机之后的 3 年分别标识为 $t+1$、$t+2$、$t+3$ 年。图 4-8，看起来一目了然，显示如下几点特征：首先，违约前后的几年之内，平均通货膨胀率都处于很高的水平，尤其是对内违约的样本数据显示，恶性通货膨胀一直存在。其次，债务违约之后通货膨胀的情况并未改善，反而比危机前更加严重了，平均通货膨胀率普遍超过危机前的水平。再次，对内债务违约时通货膨胀的平均水平显著高于对外违约时的平均通货膨胀水平，且这一差距在债务违约出现之后逐渐拉大。

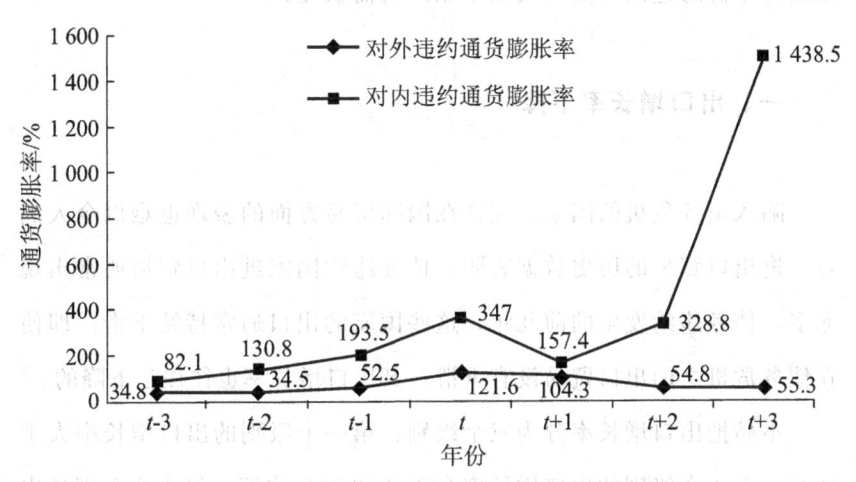

图 4-8　1940 年以来债务违约前后年通货膨胀率均值/%

数据来源：根据 RR（Reinhart，Rogoff）数据库及表 4-4 中的数据计算得出。

第四节 对外经济特征

出现债务危机或违约的国家不仅经历了国内经济增长波动下滑、通货膨胀等问题，还遭遇了出口增长率下降、经常账户逆差、贸易条件恶化等外部困境，导致国际收支失衡。国际收支失衡是很多债务危机国家面临的问题。以此次欧洲主权债务危机为例，此次欧洲主权债务危机并不完全是财政问题，更重要的是一个国际收支不平衡的问题。欧元区内部的国际收支失衡非常明显，表现在德国、荷兰等国家具有持续显著的经常账户顺差，而希腊、葡萄牙、西班牙与意大利等国具有持续显著的经常账户逆差。这些经常账户逆差国，目前都无一例外地卷入了主权债务危机。遗憾的是，大多数国家第二次世界大战之前的贸易数据无法获得，第二次世界大战之后全球贸易数据才真正建立起来。本小节将根据第二次世界大战后的数据分析债务危机或债务违约年份的进出口贸易及经常账户失衡状况。

一、出口增长率下降

陷入债务危机的国家，往往在国际贸易方面的表现也难以令人满意。进出口贸易的历史数据表明，债务违约国家进出口贸易通常出现赤字。债务违约发生的前几年，这些国家的出口通常持续下滑。即使在债务危机之前出口贸易没有下滑，其出口增长率也往往是下降的。

不妨把出口增长率分为三个级别：第一个级别的出口增长率大于10%；第二个级别的出口增长率介于0和10%之间；第三个级别的出口增长率小于等于零。根据拉美国家20世纪的债务危机历史，可以计算它们发生债务危机或违约的当年及前3年的出口增长率。有数据可考的债务危机共有83次。计算这83次债务危机发生当年以及前3年的出口增长率状况，结果发现违约年份出口增长率低于零的国家所占的比率明显升高，出口增长率高于10%的国家所占的比率明显降低。图4-9呈现出的明显特征是，出口增长率在债务违约或危机的前两年开始出现明显变化。在债务违约的前两年，出口增长率低于零的国家所占的比率是44.6%，到了债务违约的当年这一比率上升为54.2%，提升了8个百分点。出口增长率高于10%的国家所占的比率由违约前两年的39.8%降到了违约当年的22.9%，下降了17个百分点。这说明，在债务危机或违约发生之前，出口贸易状况恶化了，这种恶化从债务违约的前两年就开始了。

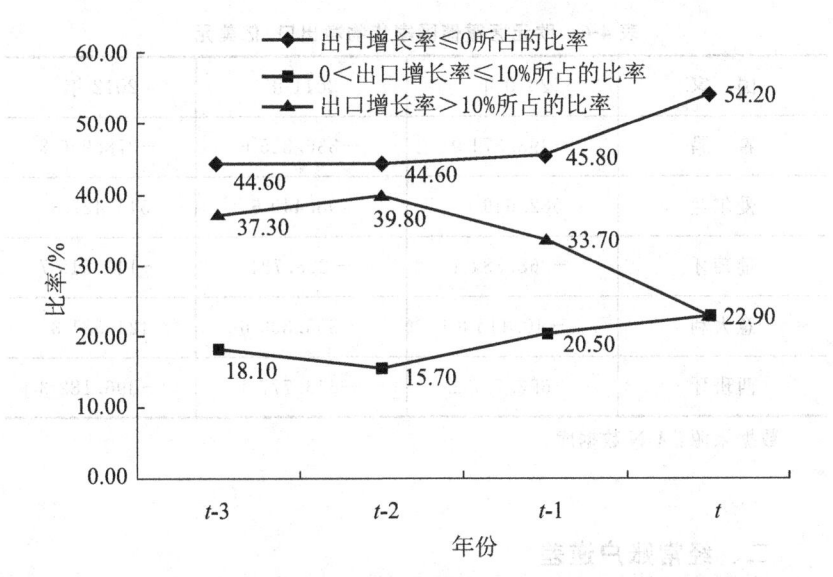

图4-9 拉美国家20世纪债务违约前出口增长率的变化

数据来源：MoxLAD数据库，经计算后绘制。

20世纪80年代国际债务危机，拉美国家经济表现低迷，与亚洲国家形成鲜明对比。为什么拉美国家的表现不如亚洲，有几种不同观点：有人认为拉美国家受到的外部冲击比亚洲严重；有人认为拉美国家只是过度借贷;还有一些人认为是汇率管理和贸易制度的问题;供给学派认为亚洲的低税率促进经济增长,亚洲经济是市场导向型的,而拉美国家不是(Sachs,Williamson,1985)。尽管亚洲和拉美国家的经常账户与 GDP 之比同样变动,债务与出口之比、偿债额与出口之比却存在明显差异。原因有二:一是亚洲的出口增速快于拉美;二是拉美汇率高估导致资本逃逸。分析拉美、亚洲国家的经济表现,显示了出口增长的重要性;亚洲转向出口导向政策而拉美国家转向进口替代政策,这就是 20 世纪 80 年代亚洲国家没有发生债务危机的原因。

不只是拉美国家,最近几年债务危机最严重的欧元区国家也在遭受着对外贸易赤字。表 4-6 中,除了爱尔兰,希腊、葡萄牙、意大利和西班牙都经受了连续的货物贸易赤字。

表 4-6 欧元区重债国家货物净出口/亿美元

国 家	2010 年	2011 年	2012 年
希 腊	−393.374 9	−336.325 6	−278.950 8
爱尔兰	582.649 5	598.449 6	545.422 8
葡萄牙	−268.384 1	−228.721	−140.515 7
意大利	−40.115 8	−355.300 6	124.381 3
西班牙	−692.737 2	−643.777 4	−396.182 3

数据来源:UN 数据库。

二、经常账户逆差

经常账户顺差的国家可以在本国债券市场上为财政赤字融资,且由于具有充足的外汇储备,偿付外债也不成问题,因此不易发生债务危机。经常账户逆差的国家,一方面要依赖外部融资弥补财政赤字;另一方面,由于偿还外债的能力不足,融资成本难免上升。因此,经常账户逆差的国家依赖外部融资时容易遭遇主权债务危机。经常账户逆差的主要原因是贸易项目逆差，即出口弱于进口。

为衡量经常账户逆差的状况，可以计算经常账户赤字与本国经济规模的比率，即经常账户赤字/GDP。表4-7，计算的是1970年以来拉美国家及非洲国家出现债务违约时的经常账户赤字率水平，其中非洲国家发生的大都是国内债务危机。不管是拉美国家还是非洲国家，其经常账户自债务危机发生的3年前就出现了大范围的逆差。根据表4-7计算得到，1970年以来发生债务违约的国家中，经常账户逆差的国家所占的比率在违约当年是62%。而在违约发生的前几年经常账户逆差的国家所占的比率更高，达到75%。

表4-7 1970年以来债务危机发生前的经常账户比率(经常账户平衡/GDP)/%

国家	危机年份 t	$(t-3)$年	$(t-2)$年	$(t-1)$年	t年
俄罗斯	1998*	1.76	2.77	−0.02	0.08
土耳其	1978	−3.69	−3.96	−5.35	−1.94
土耳其	1982	−1.58	−4.95	−2.73	−1.47
阿根廷	1982**	−0.74	−6.2	−5.99	−2.79
阿根廷	1989**	−2.58	−3.81	−1.25	−1.78
阿根廷	2001	−4.84	−4.21	−3.16	−1.4
阿根廷	2002*	−4.21	−3.16	−1.41	8.59
玻利维亚	1980	−3.65	−8.82	−8.98	−0.14
玻利维亚	1982*	−8.98	−0.14	−7.95	−3.11
玻利维亚	1986	−2.61	−2.89	−5.31	−9.82
玻利维亚	1989	−9.82	−10	−6.62	−5.72
巴西	1983	−5.46	−4.46	−5.79	−3.36
巴西	1986*	−3.36	0.02	−0.13	−1.98
巴西	1990*	−0.49	1.26	0.24	−0.83

续表 4-7

国　家	危机年份 t	$(t-3)$ 年	$(t-2)$ 年	$(t-1)$ 年	t 年
智　利	1983	-7.15	-14.5	-9.47	-5.64
哥斯达黎加	1981	-10.31	-13.83	-13.74	-15.59
哥斯达黎加	1983	-13.74	-15.59	-10.42	-7.86
哥斯达黎加	1984	-15.59	-10.42	-7.86	-5.47
多米尼加	1982	-6.02	-10.86	-5.36	-5.56
多米尼加	1975*	-2.37	-4.12	-8.24	-2.02
多米尼加	2005	-3	4.87	-4.73	-1.39
厄瓜多尔	1984	-4.58	-5.93	-0.67	-1.61
厄瓜多尔	1999**	-0.22	-1.62	-7.5	4.67
厄瓜多尔	2008	0.84	3.46	3.24	1.81
危地马拉	1986	-2.47	-3.99	-2.53	-0.24
危地马拉	1989	-0.24	-6.25	-5.28	-4.36
洪都拉斯	1981	-8.15	-8.53	-12.35	-10.74
墨西哥	1982**	-4.02	-5.36	-6.49	-3.39
巴拿马	1983	-8.63	-12.41	-4.07	4.06
巴拿马	1987	-3.96	1.39	-1.76	9.66
巴拿马	1988*	1.39	-1.76	9.66	14.8
巴拉圭	1986	-4.73	-7.8	-8.49	-10.6
巴拉圭	2003	-1.99	-3.48	1.46	1.97
秘　鲁	1980	-6.48	-1.59	4.69	-0.49
秘　鲁	1984	-6.94	-6.5	-4.57	-1.18
秘　鲁	1985*	-6.5	-4.57	-1.18	0.54
乌拉圭	1983	-6.98	-4.18	-2.56	-1.22

续表 4-7

国家	危机年份 t	$(t-3)$年	$(t-2)$年	$(t-1)$年	t年
乌拉圭	1987	−2.66	−2.07	0.71	−0.91
乌拉圭	1990	−1.91	0.27	1.58	1.2
乌拉圭	2003	−2.48	−2.38	2.81	−0.72
委内瑞拉	1983	7.04	5.3	−5.62	5.63
委内瑞拉	1990	3.07	−9.94	5.13	17.6
委内瑞拉	1995**	−6.41	−3.43	4.49	2.69
委内瑞拉	1998*	2.69	13.06	4.35	4.85
委内瑞拉	2000	4.35	−4.85	2.16	10.12
印度尼西亚	1998	−3.18	−3.37	−2.27	4.29
印度尼西亚	2000	−2.27	4.29	4.13	4.84
印度尼西亚	2002	4.13	4.84	4.3	4
菲律宾	1983	−5.91	−0.59	−8.65	−8.34
斯里兰卡	1980	3.42	−76.69	−6.79	−16.33
斯里兰卡	1982	−6.79	−1.68	−10.09	−11.51
斯里兰卡	1996*	−3.7	−5.61	−5.91	−4.91
阿尔及利亚	1991	−3.45	−1.36	2.29	5.18
安哥拉	1992*	−1.42	−10.54	−4.75	−12.71
中非	1981	−3.78	−33.6	−5.4	−0.61
中非	1983	−5.4	−2.32	−5.7	−4.44
科特迪瓦	1983	−17.95	−0.05	−13.44	−13.62
科特迪瓦	2000	−1.32	−11.04	−0.95	−2.32
埃及	1984	−9.13	−1.13	−1.17	−6.49
肯尼亚	1994	−2.62	−22.55	−4.55	−6.28

续表 4-7

国　家	危机年份 t	$(t-3)$年	$(t-2)$年	$(t-1)$年	t年
肯尼亚	2000	−13.65	−1.28	−18.34	−1.57
赞比亚	1983	−13.29	−65.68	−14.51	−7.92
摩洛哥	1983	−7.47	−4.77	−12.11	−6.35
摩洛哥	1986	−6.35	−14.33	−6.92	−1.23
尼日利亚	1982	3.53	−1.53	−10.8	−14.63
尼日利亚	1986	−12.39	18.37	9.16	1.04
尼日利亚	1992	4.57	0.43	4.4	6.93
尼日利亚	2001	−13.2	14.34	16.15	5.16
尼日利亚	2004	5.16	0.86	5.01	19.17
南　非	1985	−4.4	1.26	−2.29	3.37
南　非	1989	3.48	−0.31	2.21	1.2
南　非	1993	1.39	4.25	1.52	2.15
喀麦隆	2004*	−3.9	12.86	4.38	−2.63
加　蓬	1999*	15.61	−8.35	−13.28	8.37
加　纳	1979*	−2.68	16.66	−1.25	3.07
加　纳	1982*	3.07	−1.79	−9.93	−2.66
马达加斯加	2002*	−6.78	0.78	−3.76	−12
卢旺达	1995*	−4.09	−14.35	13.15	4.44
塞拉利昂	1997*	−9.77	−14.82	−15.98	−6.45
苏　丹	1991*	−6.16	−0.77	−1.63	−5.29
蒙　古	1997*	5.01	−34.86	−7.47	4.67
所罗门群岛	1995*	−0.38	9.47	−0.74	1.61
科威特	1990*	20.39	−0.04	37.58	21.09

续表 4-7

国　家	危机年份 t	$(t-3)$年	$(t-2)$年	$(t-1)$年	t 年
乌克兰	1998*	-2.39	10.33	-2.66	3.09
安提瓜和巴布达	1998*	-0.1	-218.82	-8.17	-7.54
多米尼克	2003*	-21.64	-17.96	-14.48	-15.6
格林纳达	2004*	-19.66	-11.18	-24.47	-10.09
苏里南	2001*	-16.39	-14.18	3.62	-10.95

说明：带有*的年份表示对内违约或重组，带有**的年份表示对内对外均违约。

数据来源：UN 数据库。

三、贸易条件恶化

贸易条件是参与国际贸易的国家出口商品价格指数与进口商品价格指数的比率，是个相对值，衡量一个国家在国际市场中的相对价格变化。贸易条件大于 100 表明出口商品价格指数高于进口商品价格指数，即一单位出口可以获得比基期更多的进口商品，反之表明一单位进口商品需要比基期更多的出口商品来交换。

根据 MoxLAD 数据库提供的拉美国家进出口商品单位价格可以计算出拉美国家 20 世纪以来发生债务危机之前的贸易条件。表 4-8，展示的是 20 世纪拉美国家发生债务违约的年份和违约前 3 年的贸易条件变化。贸易条件大于 100 表示出口商品单位价格高于进口商品单位价格，说明该国在国际贸易中居优势地位，贸易条件越大则优势越明显。贸易条件小于 100 的情况表示出口商品单位价格低于进口商品单位价格，说明该国在国际贸易中处于劣势地位，贸易条件越小则劣势越明显。

表 4-8　20 世纪以来拉美国家债务违约前的贸易条件

国　家	违约年份,t	贸易条件,t 年	贸易条件,(t-1)年	贸易条件,(t-2)年	贸易条件,(t-3)年
阿根廷	1951	133	140	138	157
阿根廷	1956	97	105	105	123
阿根廷	1982**	65	71	73	74
阿根廷	1989	50	49	47	54
玻利维亚	1980	164	154	156	157
玻利维亚	1982*	154	156	164	154
玻利维亚	1986	155	185	177	163
玻利维亚	1989	149	148	151	155
巴　西	1902	77	75	88	NA
巴　西	1914	76	90	121	119
巴　西	1931	56	60	94	94
巴　西	1937	63	68	60	67
巴　西	1961	88	89	95	98
巴　西	1964	100	83	83	88
巴　西	1983	65	88	61	71
巴　西	1986*	76	64	74	65
巴　西	1990	52	65	77	70
智　利	1931	72	102	107	119
智　利	1961	62	62	54	51
智　利	1963	58	59	62	62
智　利	1966	82	67	59	58

续表 4-8

国　家	违约年份,t	贸易条件,t 年	贸易条件,$(t-1)$ 年	贸易条件,$(t-2)$ 年	贸易条件,$(t-3)$ 年
智　利	1972	72	76	100	99
智　利	1974	88	82	72	76
智　利	1983	45	40	46	54
哥伦比亚	1932	79	79	76	83
哥伦比亚	1935	76	93	74	79
哥斯达黎加	1932	79	91	84	93
哥斯达黎加	1962	88	91	92	95
哥斯达黎加	1981	80	92	97	98
哥斯达黎加	1983	67	72	80	92
哥斯达黎加	1984	74	69	72	80
多米尼加	1975*	148	107	93	104
多米尼加	1982	80	114	106	86
厄瓜多尔	1984	172	169	207	210
厄瓜多尔	1999**	151	141	159	155
萨尔瓦多	1932	45	49	42	85
萨尔瓦多	1938	43	49	45	55
萨尔瓦多	1981*	164	170	154	221
危地马拉	1933	63	60	91	92
危地马拉	1986	56	43	49	49
危地马拉	1989	50	49	48	56
洪都拉斯	1981	91	104	106	114

续表 4-8

国　家	违约年份, t	贸易条件, t 年	贸易条件, $(t-1)$ 年	贸易条件, $(t-2)$ 年	贸易条件, $(t-3)$ 年
墨西哥	1914	102	100	98	76
墨西哥	1928	207	205	210	191
墨西哥	1982	263	289	297	297
尼加拉瓜	1932	73	79	76	95
尼加拉瓜	1979	98	100	116	98
巴拿马	1932	73	79	76	95
巴拿马	1983	64	65	65	70
巴拿马	1987	79	82	77	69
巴拿马	1988*	73	79	82	77
巴拉圭	1986	110	112	128	84
秘鲁	1931**	79	98	134	133
秘鲁	1969	100	88	93	105
秘鲁	1976	107	115	144	118
秘鲁	1978	95	112	107	115
秘鲁	1980	143	128	95	112
秘鲁	1984	104	109	108	122
秘鲁	1985*	100	104	109	108
乌拉圭	1983	72	72	80	78
乌拉圭	1987	83	81	69	78
乌拉圭	1990	80	89	89	83
委内瑞拉	1983	451	517	596	613
委内瑞拉	1990	574	431	274	370

续表 4-8

国　家	违约年份, t	贸易条件, t 年	贸易条件, $(t-1)$ 年	贸易条件, $(t-2)$ 年	贸易条件, $(t-3)$ 年
委内瑞拉	1995	332	379	420	457
委内瑞拉	1998*	368	362	413	332
委内瑞拉	2000	488	326	249	362

说明：带有*的年份表示对内违约，带有**的年份表示对内对外均违约。

本表中的数据是价格贸易条件，由 20 世纪以来拉美国家历年进出口商品单位价格计算得出。

NA 表示数据无法获得。

数据来源：MoxLAD 数据库。

由表 4-8 可以看出，相比违约前的两三年，大多数 20 世纪发生债务违约的拉美国家国际贸易条件恶化了。比较典型的有 20 世纪 30 年代的巴西、智利、秘鲁，20 世纪 50 年代的阿根廷，还有 20 世纪 80 年代的阿根廷、玻利维亚、哥斯达黎加、多米尼加、洪都拉斯、墨西哥、秘鲁以及委内瑞拉。把各国贸易条件分为 3 个等级：大于 100 的等级、介于 80 和 100 之间的等级以及低于 80 的等级，可以计算出属于各个等级的违约年份占据的比率。图 4-10，展示了所有拉美国家作为一个整体，在债务违约当年及违约前 3 年的贸易条件变化情况。可以比较清晰地看出，贸易条件大于 100 的国家比率从违约前 3 年 [$(t-3)$ 年] 的 41% 降到债务违约当年 (t 年) 的 31%；贸易条件居于 80 到 100 之间的国家所占的比率从违约前 3 年 [$(t-3)$ 年] 的 26% 降到债务违约当年 (t 年) 的 18%；相应地，贸易条件小于（或等于）80 的国家所占的比率从违约前 3 年 [$(t-3)$ 年] 的 33% 升到债务违约当年（t 年）的 51%。这样一组数据说明，在拉美 18 个发生债务违约的国家里，大约 60% 的国家贸易条件是不高于 100 的，且这一比率在债务危机到来时还会下降。相应地，有更多的国家迈入了贸易条件低于 80 的类别。

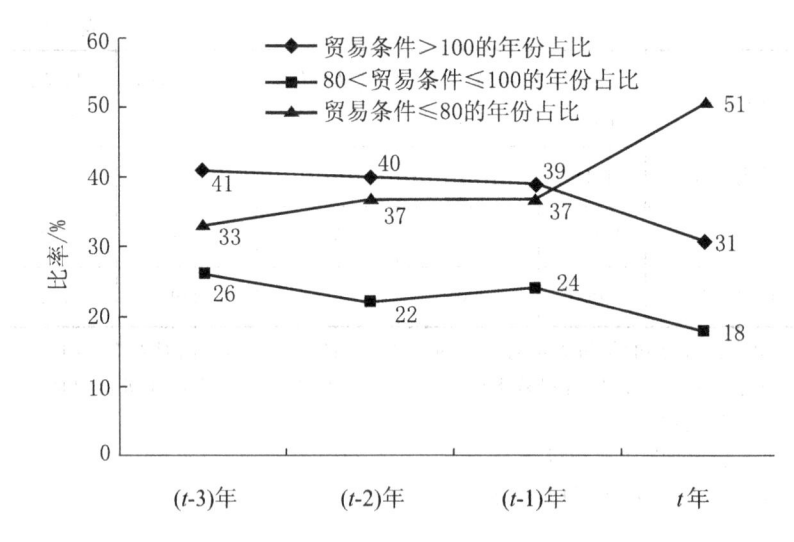

图 4-10　拉美国家 20 世纪债务违约年份的贸易条件变化

数据来源：根据表 4-8 计算后绘制。

第五节　债务结构特征

债务结构特征包括期限结构特征、债权人结构特征和债务人结构特征等。发生债务违约或者危机的国家往往具有如下债务结构特征：短期债务占比过高、过度依赖外部融资、私人部门债务负担较重。这几点债务结构特征都会提高债务违约风险，对主权债务可持续性具有不利影响。

一、短期债务占比过高

如果政府常年保持大量财政赤字、积累了巨额的短期债务，即使其债务负担水平看起来可控，这类政府也很脆弱。短期、中期和长期政府债务各有不同的用途。短期债务（1年期及以下）可以用来弥补当前财政赤字；中期债务（1—10年到期）可以用于公共服务及基础设施建设；长期债务（10年期及以上）可以用来平滑债务结构。短期债务的利息成本较低，中期债务的利息成本次之，长期债务的利息成本最高。从债务成本上来看，如果长期债务所占的比率越高，则总的利息成本就越高。但这并不意味着短期债务所占的比率越高越好。原因是，短期债务最容易受经济形势的影响，一旦经济形势发生变化，市场预期发生逆转，则该国的主权债务很容易被要求更高的利率，国债价格下跌，收益率飙升，影响主权债务的可持续性。

从主权债务的期限结构来看，发生债务危机的国家短期政府债务所占比例相对较高。表4-9，展示的是2001—2011年部分发达国家短期政府债务所占的比率。从表4-9中可以看出，爱尔兰、葡萄牙和英国的短期政府债务所占的比重最高，西班牙和意大利次之。作为比较，德国和日本的短期政府债务所占比重明显较低。短期政府债务占比过高的国家，短期内偿债压力较大，如果再面临外部经济金融高冲击，其债务可持续性将不可避免地受到影响。从表4-9中部分发达国家的经历来看，短期债务占政府债务的比率不超过10%应该是比较安全的。

表4-9　2001—2011年部分发达国家短期政府债务占比/%

年份	爱尔兰	葡萄牙	意大利	西班牙	法国	德国	英国	日本	美国
2000	29.9	25.6	19.8	19.3	12.6	5.1	26.1	10.6	11.5
2001	39.6	25.3	NA	16.4	NA	NA	27.2	10.4	14.4
2002	37.6	21.1	19.8	17.1	12.6	5.1	29.9	11.1	14.3
2003	32.2	24.9	17	17.9	14.2	5.9	28.5	11.5	13.7
2004	28	30.7	17.5	17.4	13.8	5.3	28.1	11.9	13.6

续表 4-9

年份	爱尔兰	葡萄牙	意大利	西班牙	法国	德国	英国	日本	美国
2005	30	28.8	18.1	17	14.2	5.4	26.4	11.8	12.2
2006	30.6	25.9	18.2	18.8	11.6	5.8	24.6	11.5	11.2
2007	36.2	26.8	17.5	21	10.4	6	23.7	7.3	11.2
2008	47.6	28.9	18.2	24.2	14.4	7.3	24.2	7.1	18.7
2009	33.6	27.9	17.3	25.4	17.4	10.3	20.5	7.8	15.1
2010	17.9	26.5	15.9	22.9	15.7	16.1	16.8	7.8	13.1
2011	14	17.2	NA	22.6	NA	NA	16.9	7.8	10

说明：NA 表示数据不可获得。

数据来源：UN，Eurostat，易千（2013）。

二、过度依赖外部融资

过度依赖外部融资将会导致债务风险剧增。本轮债务危机中欧元区重债五国便是很好的例子。图 4-11，展示了本轮债务危机中欧元区重债五国以及美国、日本的总外债比率，并与主权债务比率形成鲜明对比。不难发现，爱尔兰的外债比率最高，2008 年是 880.3%，2009 年便超过了 1 000%，达到 1 019.1%，而同期的主权债务比率是 27.7% 和 46%。这意味着爱尔兰欠下的外债需要其 10 年的 GDP 才能够还得清。相对于主权债务比率而言，葡萄牙和西班牙的外债比率也很高。葡萄牙的外债比率在 2008 年是 197.9%，2009 年便上升到 240.6%，同期的主权债务比率是 71.2% 和 81.1%。西班牙 2008 年和 2009 年的外债比率分别是 145.2% 和 173.9%，而同期的主权债务比率分别是 32.9% 和 45.2%。

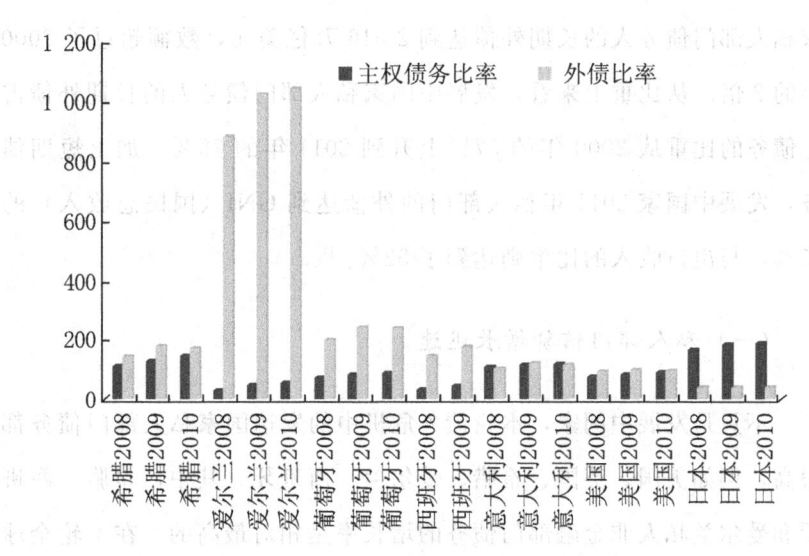

图 4-11 本轮债务危机中重债国家的外部融资需求比较/%

说明：意大利的主权债务比率是一般政府债务比率。

数据来源：RR(Reinhart, Rogoff) 数据库。

爱尔兰、葡萄牙和西班牙的外债均超过了主权债务的 2 倍之多，爱尔兰的外债尤其高得离谱。这说明私人部门欠下了太多的外债，连政府也不可能还得起，出现债务危机自然不难理解。相比之下，希腊和意大利的外资依赖程度要低一些，美国则基本持平。日本是另一个极端，其外债比率相对于主权债务比率而言十分低。2008 年，日本的外债比率是 45.6%，到 2010 年降到了 38.7%，而同期的主权债务比率从 167.6%升到 189.1%。

通过欧元区重债五国与美国、日本对比分析可以得出这样一个结论：过度依赖外部融资的国家，其发生主权债务危机的可能性很大，即使主权债务比率并不高。

三、私人部门债务负担较重

过去的十几年间，世界债务有一项显著的特点，即私人部门的外债显著增加，而公共部门的对外负债相应地减少。2011 年，发展中国家私人部门债务人的长期外债达到 2 616 万亿美元，数额超过了 2000 年的 2 倍。从比重上来看，发展中国家私人部门债务人的长期外债占总债务的比重从 2000 年的 57% 上升到 2011 年的 75%。加上短期债务，发展中国家 2011 年私人部门的外债达到 GNI（国民总收入）的 17%，与出口收入的比率则达到了 52%。①

（一）私人部门信贷增长迅速

不只是发展中国家，本轮债务危机中的发达国家私人部门债务都很高，例如美国、英国、希腊、爱尔兰、西班牙。其中，希腊、西班牙和爱尔兰私人非金融部门债务的增长率是相对最高的。在本轮全球债务危机发生之前，希腊、西班牙和爱尔兰的私人非金融部门债务增长率大都超过 20%，其中希腊 2003 年的私人部门债务增长率甚至达到了 38.83%。图 4-12，展示了本轮主权债务危机中几个发达国家私人非金融部门 2002—2012 年信贷规模的增长率。

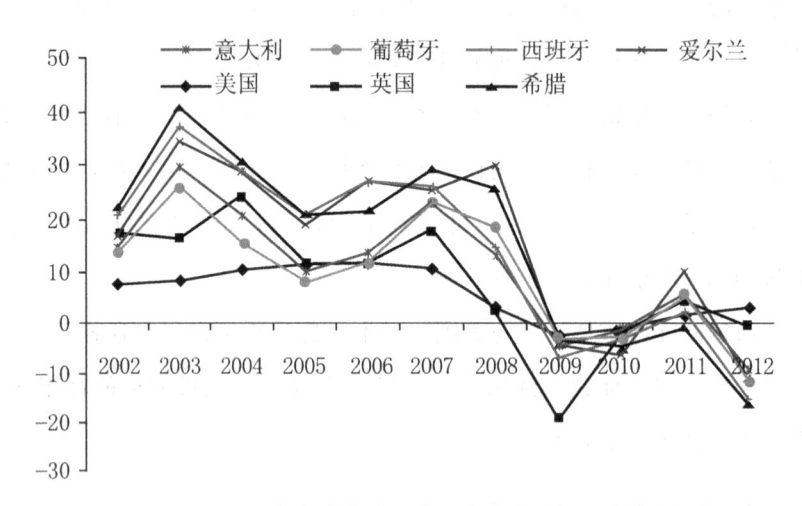

图 4-12　2002—2012 年部分发达国家私人非金融部门信贷增长率/%
数据来源：BIS，ECB。

---

① 数据来源：WB。

从图 4-12 中不难发现，2008 年之后，这几个发达国家私人非金融部门信贷增长率明显下降。到 2009 年，私人部门信贷规模出现负增长。从图 4-12 可以总结出的规律是，一个国家私人部门的债务所占的比重在金融危机爆发之后反而会下降，原因是部分私人部门债务被政府吸收。

（二）私人部门债务比率较高

大多数国家有关私人部门的债务统计进行得很晚。以欧洲国家为例，私人部门的债务比率从 2008 年开始才有记录。表 4-10，记录了欧元区陷入债务危机的国家 2008—2013 年私人部门的债务水平。

表 4-10 2008—2013 年欧洲部分国家私人部门债务与 GDP 比率/%

国家	2008 年	2009 年	2010 年	2011 年	2012 年	2013 年
希腊	118.5	122.5	127.6	129.2	129.1	129.1
爱尔兰	276.2	330.8	334.6	340	329.9	316.3
葡萄牙	241.1	251.8	251.4	256.2	260.6	257.2
意大利	128.7	134.9	135.9	134.3	134.9	133.5
西班牙	219.6	226.5	229.8	224.8	214.9	209
德国	130.6	135.2	129.3	125.3	124	123.7
法国	149.6	156.6	157.8	159.5	161.7	161.3

说明：2013 年数据是第三季度数值。
数据来源：ECB Statistics pocket book。

由表 4-10 不难发现，在欧元区重债五国里，爱尔兰、葡萄牙和西班牙的私人部门债务比率均高于 200%，尤其是爱尔兰，自 2009 年起私人部门债务与 GDP 之比都超过了 300%。相比之下希腊和意大利的私人部门债务比率较低，德国和法国也不高。

（三）债务转换：公共部门对私人部门债务的吸收

此次美国次贷危机引发的主权债务危机便是一个很好的说明。学界关于美国债务风险的讨论大多从全球失衡开始。所谓的全球失衡是指美国巨额的经常账户逆差和净对外债务，以及世界上其他国家对美国的经常账户顺差和债权。国际经济学界的主流思想认为：随着美国经常账户逆差的积累，美国净外债占 GDP 的比率不断上升，国外投资者最终会对美国的偿债能力产生怀疑。在这种情况下，外资停止流入，经常账户逆差不可持续，导致美元贬值，国债收益率上升，美国经济将要陷入衰退，进而引发全球性经济危机。2008 年，全球性的经济危机果然爆发，然而，原因并不是全球失衡和美国的国际收支危机，而是次贷危机。由于次级贷款者不能还款付息，与次级贷款相关的金融衍生产品价格暴跌，导致机构投资者纷纷破产，国内信贷紧缩，经济增长前景黯淡，失业率上升，进一步引发全球性的经济衰退。为了救市和刺激经济，执政当局不得不实施扩张性的财政政策，终于将美国推向"财政悬崖"的边缘。因此可以说，美国家庭的债务违约加重了政府的债务负担，债务总量不变的前提下只是实现了内部结构调整，结果是"按下葫芦浮起瓢"。

中国社会科学院学部委员余永定曾经指出，大部分经济学家未能准确预测金融危机和经济危机发生的实际路径，原因在于他们都过分关注美国国内储蓄不足引起的外债问题而忽略了总债务过高这一事实。诚然，债权国最关注的问题是美国的外债是否可持续。然而实际情况是，次贷危机爆发前，美国外债余额占 GDP 的比重是低于 20%的，在总债务中所占的比重则更小。图 4-13，展示了 1979—2011 年美国债务余额占 GDP 比重的变化，该比值的整体趋势是上升的，但直至目前为止也才 20%左右，并没有大到不可持续的地步。因此，经济学家普遍犯了一个错误：过于关注外债本身而忽略了占总债务很大比例的居民债务。

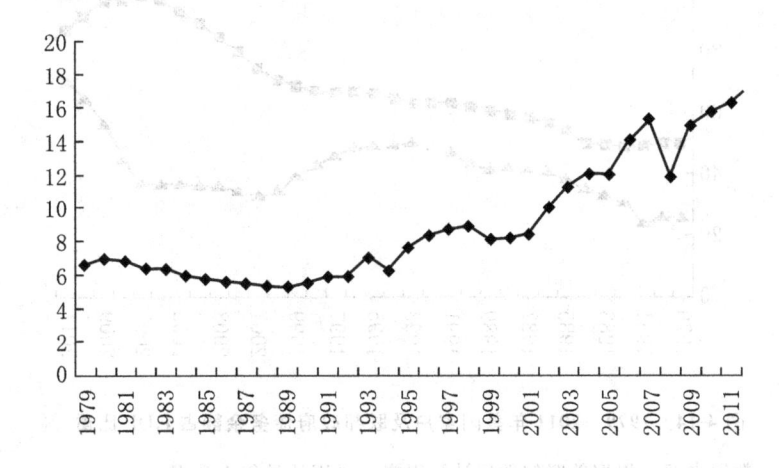

图 4-13　1979—2011 年美国外债余额占 GDP 的比重/％

数据来源：根据美联储数据计算得来，采用的是年末数据。

图 4-14，展示的是 1979—2011 年美国家庭债务余额与 GDP 的比率以及联邦政府债务余额与 GDP 的比率。根据图中展示的两条债务比率曲线不难发现，美国家庭的负债一直处于上升状态，于 2007 年达到高峰，年末债务余额占 GDP 的比重超过 98％。此后由于美国政府的救市行为，该比率逐渐下降，至 2012 年降到了 82.8％。与居民负债比率下降构成鲜明对比的是，美国联邦政府年末债务存量占 GDP 的比重自 2008 年开始急速上升，从 2006 年的 36.5％上升到 2012 年的 73.9％。次贷危机爆发以来，一面是家庭债务逐步下降，另一面是联邦政府债务快速上升，这正是政府替消费者买单的结果。

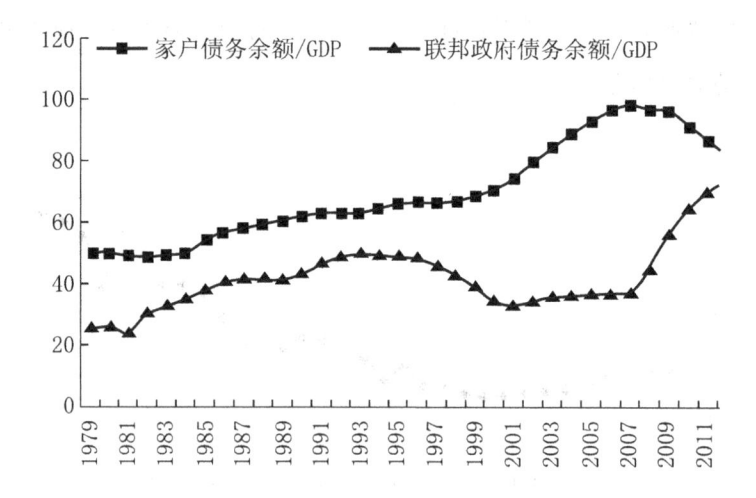

图 4-14　1979—2011 年美国家户及联邦政府债务余额占 GDP 比重/%

数据来源：根据美联储数据计算得来，采用的是年末数据。

第六节　汇率管理

自布雷顿森林体系瓦解以来，发达国家纷纷转向了浮动汇率制度，发展中国家有的还在坚持固定汇率制度，有的则采取中间汇率制度，如爬行钉住汇率制度。汇率制度的选择与债务危机的发生也有一定的关联。牙买加体系建立起来之后，采用浮动汇率制度的国家更容易避免金融危机，发生债务危机的国家大都采用固定汇率制度和中间汇率制度。20 世纪 80 年代的拉美国家是很好的例子。

一、关于拉美国家债务危机的解释

关于拉美国家 20 世纪 80 年代债务危机的解释，不同学派的经济学家有着不同的看法,但是一些学者认为汇率管理[①]是很重要的原因。Manuel Pastor, Jr. (1989) 总结了不同经济学派对拉美债务危机发生原因的解释:①IMF 和正统经济学家认为,主要原因在于国内政策失误,如扩张的财政政策、汇率高估。②自由主义者和结构学派认为,主要原因来自外部因素,如工业化国家增长率下降、贸易条件改变。③激进学派与主流经济学家观点不同,他们认为资本账户不是用于平衡经常账户的被动调节,它本身也是约束条件。20 世纪 70 年代的特征是,拉美国家更多地进入国际资本市场,实质上是对经常账户的约束放松。激进学派既强调外因也强调内因,其对拉美国家债务危机的解释是:外部因素方面,将拉美国家债务累积放在资本主义危机的环境中,尤其是美国,20 世纪 70 年代资本主义中心国家的危机对拉美国家造成了直接和间接的影响;结构因素方面,拉美国家过度借债,是因为 20 世纪 60 年代末期进口替代政策乏力,在 20 世纪 70 年代债务累积的同时避免 FDI 流入,本土私人资本和政府转向依赖债务发展的战略。至于汇率高估,是为了维持廉价进口消费品,也是为了向国外借债更容易。

一般而言,如果高估本币,则不利于出口,会导致经常账户恶化,资本账户顺差,外债增加。Manuel Pastor, Jr. (1989) 的研究表明,外部因素,例如美国增长率、实际利率、贸易条件和资本可获得性确实起作用;除去外部因素后,汇率管理是一个重要的决定因素,财政政策却不是。

[①] 按照 IMF 对汇率制度的粗略分类,共有四大类汇率制度:第一类是固定汇率制度,包括没有独立法币的汇率制度、宣称钉住或者货币局制度、宣称波动幅度不超过±2%的汇率制度,和事实上的钉住汇率制度。第二类是爬行钉住汇率制度,包括宣称爬行钉住汇率制度、宣称波动幅度不超过±2%的爬行钉住、事实上的爬行钉住,和事实上波动幅度不超过±2%的爬行钉住。第三类是规定波动幅度的汇率制度,包括宣称波动幅度不低于±2%的爬行钉住、事实上波动幅度不超过±5%的爬行钉住、不超过±2%的波动幅度(即允许随时间升值或贬值2%以内),和管理浮动汇率制度。第四类是自由浮动制度。本书将第二类和第三类汇率制度都作为中间汇率制度处理,以达到简化分析的目的。

二、拉美国家汇率制度选择

20世纪80年代集体发生债务危机的拉美国家，大多数采用的是固定汇率制度或者规定波动幅度的爬行钉住汇率制度，个别国家从固定汇率制度转向了浮动汇率制度，如玻利维亚、危地马拉。表4-11，详尽列举了20世纪80年代发生债务危机的拉美国家所采用的汇率制度。

表4-11　20世纪80年代拉美国家汇率制度

国家	违约年份	汇率制度	国家	违约年份	汇率制度
玻利维亚	1980	固定汇率	巴西	1983	规定波动幅度的爬行钉住
玻利维亚	1982	固定汇率	巴西	1986	规定波动幅度的爬行钉住
玻利维亚	1986	自由浮动	巴西	1989	规定波动幅度的爬行钉住
玻利维亚	1989	自由浮动	智利	1983	规定波动幅度的爬行钉住
危地马拉	1986	固定汇率	哥斯达黎加	1981	规定波动幅度的爬行钉住
危地马拉	1989	自由浮动	哥斯达黎加	1983	规定波动幅度的爬行钉住
洪都拉斯	1981	固定汇率	哥斯达黎加	1984	规定波动幅度的爬行钉住汇率制度
巴拿马	1983	固定汇率	厄瓜多尔	1984	规定波动幅度的爬行钉住
巴拿马	1987	固定汇率	墨西哥	1982	规定波动幅度的爬行钉住
巴拿马	1988	固定汇率	秘鲁	1980	规定波动幅度的爬行钉住
巴拉圭	1986	固定汇率	秘鲁	1984	规定波动幅度的爬行钉住
乌拉圭	1983	自由浮动	秘鲁	1985	固定汇率制度
乌拉圭	1987	自由浮动	阿根廷	1982	规定波动幅度的爬行钉住
委内瑞拉	1983	固定汇率	阿根廷	1989	自由浮动

数据来源：RR（Reinhart, Rogoff）数据库，IMF。

相对于固定汇率制度和爬行钉住汇率制度，浮动汇率制度更具有灵活性和波动性，当经济状况发生变化时，浮动汇率制度有助于避免金融风险，这也是采取浮动汇率制度的发达国家能够承受更高债务比率的原因之一。

第五章 主权债务可持续性的理论机制

影响一个国家主权债务可持续性的因素很多。前面第四章已描述了主权债务违约或者危机发生时的宏观经济状况、债务自身状况以及汇率制度安排。这些因素如何影响一个国家的主权债务可持续性是本章要探讨的问题。对主权债务可持续性的理论机制探讨从以下四个方面进行：一是国内宏观经济因素对债务可持续性的影响，包括经济增长率及其波动、通货膨胀水平；二是对外宏观经济因素对债务可持续性的影响，包括出口增长率、经常账户比率及贸易条件；三是债务结构对债务可持续性的影响；四是汇率制度安排对债务可持续性的影响。

第一节 国内宏观经济因素

已有文献围绕着政府的资产负债表，对主权债务可持续性的理论分析在债务比率的基础上进行。根据会计恒等式推导主权债务比率（主权债务存量/GDP）的方程式，进而判断债务比率的演化路径。已有文献得到的主要结论是：当经济增长率高于债务利率时，债务比率收敛，债务可持续；当经济增长率低于债务利率时，债务比率发散，债务不可持续；当经济增长率与债务利率相等时，债务比率保持不变，债务可持续。本节的主要目的就是找出影响主权债务可持续性的其他国内宏观经济因素。

一、经济增长率及其波动

经济增长率是反映一个国家未来国民财富增长潜力的最重要指标。本书所用的经济增长率指的是 GDP 增长率，是反映经济规模变化程度的动态指标。增长率高则经济总量上升较快，说明社会经济活力较强，企业从事生产经营活动的动力较足，政府的税收来源得以迅速扩大。经济增长率与经济规模共同构成了一个国家的经济实力，具有较强经济实力的国家，其持续、稳定创造资源的能力及自身抗风险的能力较强。

经济增长率是一个国家偿债能力分析的起点。经济增长率较高的国家容易吸引更多的外资流入，且减少本国资本流出，有利于政府为财政赤字融资，且有助于维持政府债券价格及利率。经济增长状态对政府债券价格及利率都具有很大的影响作用。政府债券价格方面，经济增长状态与债券价格之间是正向一致的，即：经济增长势头较强则可以吸引大量的外国资金流入，抬高政府债券价格；相反地，经济增长势头较弱则外资流入的动力不足，且伴随国内资本流出，政府债券遭到抛售引起价格下降。经济增长状态与利率状态之间是负向一致的，即：增长强劲，则投资者愿意以较低的风险溢价购买政府债券；相反，如果经济萎缩，他们会坚持高的风险溢价。

综合以上分析，经济增长状况较好时，有利于维持较高政府债券价格及较低的债务利率，因此债务状况也较好；经济增长状况较差时,政府债券价格难以维持且被索取更高的利率,因此债务状况也较差。当经济蓬勃发展时,公共债务再融资没有问题;当经济萎靡不振时,政府可能需要采取扩张的财政和货币政策刺激增长。经济面临通胀压力的时候,央行可能会提高利率,政府债务将面临新的困境。据此而言,快速的经济增长有利于维持主权债务可持续性。

快速的经济增长对主权债务可持续性影响的机制可以由图5-1来展示。当然,经济萎靡不振的情况下也可做类似分析。

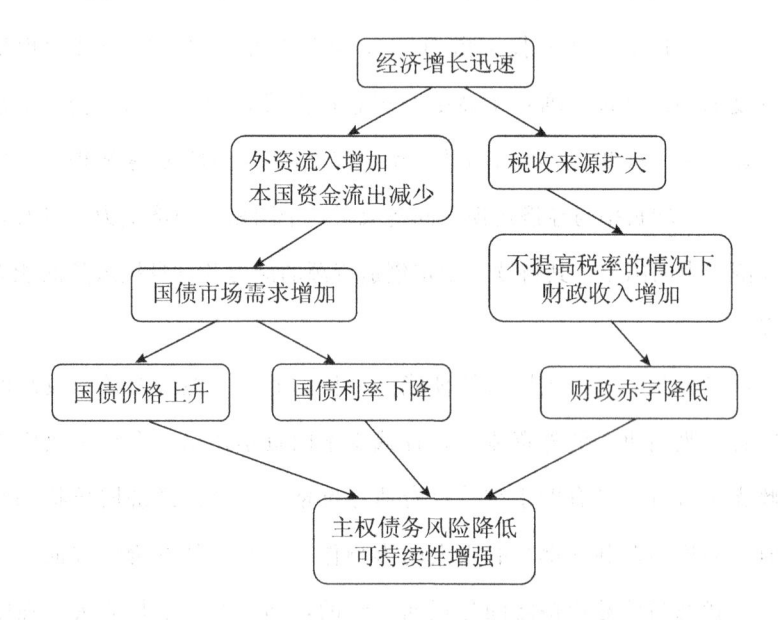

图 5-1 经济增长率对主权债务可持续性的影响机制

经济增长率波动是指相邻年份的经济增长率变化起伏较大,忽高忽低。增长率波动的具体表现是,有的年份经济高速增长,而有的年份经济低迷甚至下滑。增长率大幅波动说明经济基本面极其不稳定,原因可能是受到外来冲击,或者经济体自身出现不稳定因素。经济增长率频繁大幅波动是经济体"脆弱"的表现,将造成至少两方面的不利影响:一方面,导致政府难以获得稳定的税收来源用以弥补财政赤字和偿还债务；另一方面，严重打击投资者对该经济体的信心，导致资本外流，政府债券的价格和利率也将难以维持，主权债务可持续性受到威胁。

二、通货膨胀率

通货膨胀对主权债务可持续性的影响是通过收入再分配作用进行的。具体来说，一个国家如果发生较高的通货膨胀，则该国政府作为债务人是受益的，而债权人是受损的。通货膨胀对债权人和债务人的收入再分配可以通过以下两条途径实现：一是通货膨胀降低了债务本金的实际价值；二是通货膨胀降低了政府债务的实际利率。举例说明：假定政府在资本市场上获得100万元的融资，期限是3年，债券收益率是10%，无通货膨胀预期。如果这3年的时间内平均年通货膨胀率是30%，则价格水平上涨了1倍还多，达到初始价格水平的220%。如此算来，3年之后的100万元本金只相当于46万元，实际价值缩水超过一半。该笔债务的名义利率是10%，而通货膨胀率是30%，则实际利率是-20%。政府实际支付的利息是负的，也就是说，高速通货膨胀使政府获得了利息补贴，而债权人遭受了严重损失，财富从债权人手中转移到债务人手中。当然了，上述分配是假定债权人未预期到通货膨胀的情况下发生的，如果债权人事先能够预期到通货膨胀，则上述的再分配情形就会改变。

一旦债权人意识到债务国正在经历高速通货膨胀，将会对该国政府的管理能力产生怀疑，对该国的经济运行状况产生顾虑。高通货膨胀率还导致投资风险上升，投资回报面临很大的不确定性。在这种情况下，债权人将会大量抛售政府债券，导致债券价格下降，收益率上升，威胁到主权债务的可持续性。此外，发生高通货膨胀的国家具有资金外逃的风险，本国资金流出意愿增强，外国资本的流入意愿也会减弱，使政府债务再融资陷入新的困境。

高速通货膨胀带来的后果是国内资金流出增加，国外资金流入减少。政府可以依赖的国内资金减少，只能更多地在国际资本市场上借债。由于外资对债务国的经济更具"敏感性"和"不安全感"，一旦债务国经济有什么风吹草动，外部债权人可能会要求更高的收益率，抬高了债务国政府的融资成本。高速通货膨胀提高投资风险进而导致资本外逃的机制可以由图5-2来展示。

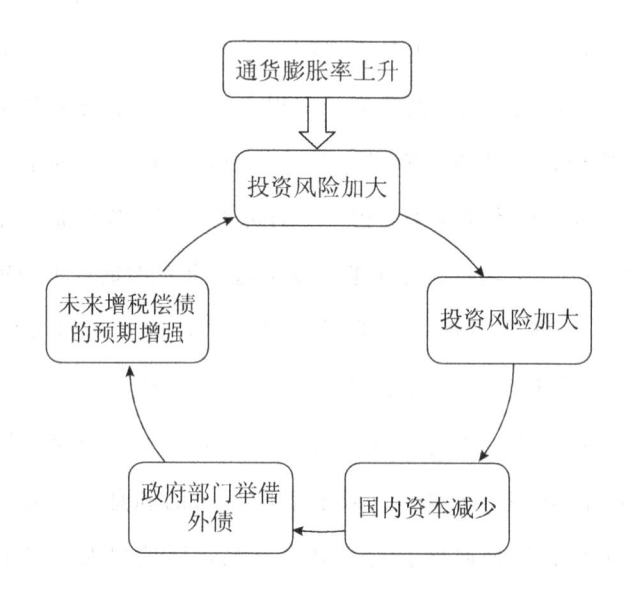

图 5-2 通货膨胀导致资本外逃的作用机制

第二节 对外宏观经济因素

对外宏观经济因素包括出口增长率、经常账户比率和贸易条件。对外宏观经济因素对主权债务可持续性的影响是通过对外部可持续性的影响进行的，即出口增长率、经常账户比率和贸易条件影响了政府及私人部门偿还外债的资金来源，进而影响了债务可持续性。

一、出口增长率

出口是偿还外债的资金来源，出口状况表现了一个国家通过经贸往来活动获取外汇资产的能力。不管是政府部门欠下的外币债务还是私人部门欠下的外币债务，都要通过外汇来偿还。通过出口增加的外汇虽然不一定都反映为货币当局的外汇储备，但是他们至少代表了国内潜在外汇资源的增加。政府部门偿还外币债务时，所需的外币资产可以通过三种途径获得：利用官方外汇储备、在国际资本市场兑换、外部再融资（以债养债）。

显然，出口增长较快的国家更有实力维持外债可持续性及主权债务可持续性。具体来说有两条作用机制：一条是，较高的出口增长率有利于快速积累外汇储备，而外汇储备是一个国家的政府部门和私人部门偿还外债的资金来源，因此，快速的出口增长能够满足政府部门和私人部门对外偿债需求；另一条是，出口迅速增长会为政府带来更多的税收，这样可以增强政府的财政实力，故而有利于实现可持续的财政。较高的出口增长率对债务可持续性的影响机制由图5-3展示。

二、经常账户比率（经常账户余额/GDP）

经常账户比率是指国际收支平衡表（BOP）中经常项目余额与GDP的比率，如果经常项目余额为正，说明经常账户是顺差，经常账户比率也是正数。开放经济条件下，经济中存在四个部门：居民、企

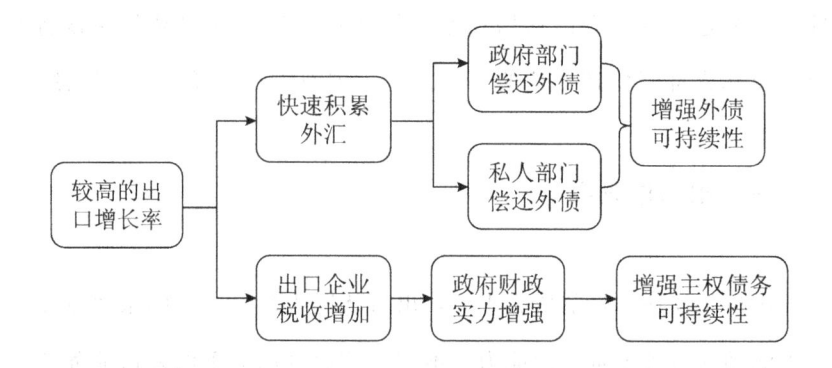

图 5-3 出口增长率对主权债务可持续性的影响机制

业、政府及对外部门,其中对外部门开展进出口贸易。从支出法的角度看,国民收入等于消费、投资、政府购买和净出口的总和;从收入法的角度看,国民收入等于消费、储蓄、政府税收、转移支付的总和。国民收入的恒等式可以表示为

$$Y = C + I + G + (X - M) = C + S + T + K_r \tag{5-1}$$

其中,Y 是国民收入,C 是消费,I 是投资,G 是政府购买支出,$(X-M)$ 是净出口。S 是储蓄,T 是政府税收,K_r 是本国居民对国外居民的转移支付。对式(5-1)进行变形可得:

$$(S - I) + (T - G) = (X - M) + K_r \tag{5-2}$$

假定本国居民对国外没有转移支付(即 $K_r = 0$),则式(5-2)表明,私人部门的储蓄盈余加上政府部门的储蓄盈余等于净出口。贸易收支差额是用得比较多的一个口径,虽然它只是国际收支的一个组成部分,不能代表全部国际收支,但是其在国际收支中占据的比重相当大。因此,出于简便考虑可以将贸易收支作为国际收支的近似代表。式(5-2)说明,一个国家的私人部门盈余(储蓄减去投资)和政府部门盈余(收入减去支出)共同构成了国际收支中的经常账户盈余。对式(5-2)稍加变形,可以更加直观地看到政府部门储蓄盈余的表达式:

$$(X-M)=(T-G)+(S-I) \quad (5\text{-}3)$$

根据式 (5-3),净出口(经常账户盈余)等于政府部门盈余加上私人部门盈余的和。如果和为负,则表明政府部门和私人部门作为一个整体是赤字的,经常账户是逆差,这是出口竞争力下滑的表现。

财政赤字的累积会导致一个国家主权债务上升,经常账户逆差的累积会导致一个国家对外债务上升。经常账户顺差的国家财政赤字完全可以在国内融资,不容易出现主权债务危机;而经常账户逆差的国家财政赤字要依靠外部融资,很容易出现主权债务危机。当国际收支平衡表中的经常账户余额为正时,该国是资本净流出国。存在大量经常账户余额时,国家不易违约。反之,经常账户余额很小甚至为负时(此时大量资本流入),违约风险较大。

三、贸易条件

本书所说的贸易条件,指的是价格贸易条件。贸易条件指数 (Term of Trade, ToT) 是反映一个国家对外贸易状况的指标,表示一个国家每出口一单位商品可以获得的进口商品的数量变化,衡量的是该国出口相对于进口的盈利能力。

$$贸易条件 = \frac{出口价格指数}{进口价格指数} \times 100$$

表达式中的 100 含有百分数的意思,大于 100 表示出口商品价格指数高于进口商品价格指数,低于 100 表示出口商品价格指数低于进口商品价格指数。

价格贸易条件反映了一个国家出口商品价格与进口商品价格的相对高低,它表示一个国家每出口一单位商品可以获得的进口商品数量变化。如果商品贸易条件指数大于 100,表明同等数量的出口商品换回了比基期更多的进口商品,贸易条件得到改善;如果商品的贸易条件指数小于100,则表明贸易条件恶化。通过贸易条件可以判断在过去一段时间内单位商品的贸易利益是增加了还是减少了,即表示贸易利益的变动,进而反映一个国家出口创收能力的变动,直接影响到偿还外债的能力。如果一个国家的贸易条件恶化,则意味着本国的出口创收能力减弱,必然减少本国的偿债来源,对偿还外债(不管是私人外债还是政府外债)具有不利影响,不利于维持主权债务的可持续性。

第三节 债务结构

主权债务与对外债务在很大程度上是相互重叠的。不管是私人部门还是中央政府,都需要在国外融资。因此,一个国家的总外债既包含了政府部门外债,也包含了私人部门外债。总外债负担也会影响主权债务的可持续性,尤其在危机时期,由于私人部门无力偿债,外债往往会由私人部门转向政府部门,增加政府部门债务负担,提高主权债务风险。

一、外债

外债是一个国家境内的机关、团体、事业单位、金融机构、企业或者其他机构对中国境外的国际金融组织、外国政府、金融机构、企业或者其他机构用外国货币负有的具有契约性偿还义务的全部债务。按照定义,外债应包括一个国家境内的公共部门和私人部门的整体对外负债。政府依赖外资说明国内企业、居民没有储蓄盈余,无法提供资金,政府难以在国内融资。由于外债只能依靠出口创汇偿还,在出口受到冲击的时候偿债来源必然受到影响，因此过分依赖外部融资更容易出现债务危机。

通常情况下，发展中国家在其发展初期需要大量的资源净转移，以消除其储蓄与外汇的缺口。对于缺乏良好工业基础和富足自然资源的穷国来说，用来支持投资和经济活动的进口可能超过该经济体能创造的出口，此时外部融资不光用来消除贸易缺口，还要用来为外债利息支付融资。如果经常账户赤字巨大，外债相对于收入的比率将会上升，即使外债的利率微不足道，增长调整后的实际利率是负。此时要实现可持续，净资源流入应有助于投资和增长，且随时间的增长，国内储蓄相对于投资增加，出口相对于进口增加，以至于储蓄和外汇的缺口被缩小。

对于穷国而言，政府不能够征得足够的税收来满足公共开支需求，国内借贷的范围有限，因为国内资本市场不发达。通过通货膨胀来融资也是有限的，因为中央不能无限制地发行货币来购买政府债券。因此，财政赤字要靠大量的外部资助与贷款来弥补，通常来自多边和双边贷款人。由于穷国的外部借款很少来自私人部门，收支平衡表的变化反应的主要是公共财政。随着经济不断发展，穷国的经济实力逐渐增强，政府的外部贷款不只是来自于国际组织和外国政府，二者的债务债券联系减弱，政府开始向国内和国外私人部门借债。

二、外债对主权债务可持续性的影响

（一）外部可持续性影响财政可持续性

与外部融资相关的是外部可持续性（外部可持续的概念在前文已有表述，在此不再赘述）。要使两期之间的外债比率维持稳定或者下降，需要足够的贸易盈余。也就是说，海外资产净转移的量应该等于净资本流入和外债利息支付的差额。维持外部可持续性所需的盈余量随着外债比率的增加而增加，随着实际利率的上升而增加。与基本预算盈余不同的是，贸易盈余受到许多进出口中变量的影响，尤其是汇率和出口增长率。

尽管有关外部可持续性的讨论常以贸易平衡作为决定外债比率的关键变量，实际相关变量应是基本经常账户平衡，包括经常转移和非利息净收入。这里需要澄清的是对非债务创造资本流动的处理，尤其是外国直接投资和股权投资，这两项投资近年来占据发展中国家外部债务的一半（Lane，Milesi-Ferretti，2006）。

Akyüz（2007）认为，从收支平衡表的约束条件来看，这两种投资与债务创造的资本流动没有根本的区别。虽然他们不必承担固定收入的义务，直接和间接投资的利润和股息汇回要求可获得足够的外汇，不管这些投资创造了多少净出口收入。直接和间接投资只有部分利润被汇回，余下的用于在东道国重新投资，也就是新的FDI流入。外汇赤字便在新的FDI流入过程中被弥补，但仅仅依赖于新的FDI流入的方法无异于蓬齐融资。如果利润未用于重新投资，新的FDI未到来，则需要吸引债务创造的资本流入（外债），以满足他们利润汇回的需求。

财政可持续性，关注的是政府创造足够的基本预算盈余以稳定其债务比率的能力，忽视了需要用外币偿还的那部分。外部可持续性强调经济体需要创造足够多的外汇盈余以偿还和稳定其外债，却未注意公共及私人债务人是否有能力创造所需的储蓄盈余。公共部门偿还外债包括两种类型的转移：向世界其他国家的外部转移，要求创造足够的外汇；对应于外部转移的从私人部门的转移。传统的财政可持续分析框架是在传统的"内部转移问题"上进行分析，因此忽略了外汇约束。同样地，外部可持续条件没有谈到偿还公共外债所需的内部转移是否被担保。

有例子表明，公共部门外债偿付困难源于内部转移问题。拉丁美洲国家20世纪80年代的危机中显现出这一点。一方面，面对国际贷款的急剧削减及出口价格和收入的下降，这些经济体被迫大规模削减财政赤字，以适应外部约束；另一方面，经济紧缩使政府无法筹集足够的收入，无法获得偿还外债所需的内部转移。结果，为了偿还外债，公共部门不得不求助于货币扩张和国内借贷。

即使收支平衡危机不是来源于预算失衡或者内部转移问题，它也可能对财政可持续造成影响，如果它改变了影响债务负担的关键变量，包括利率、增长、汇率、债务存量，那么也就改变了创造稳定公债比率所需基本盈余的范围。相似地，财政不平衡和内部转移问题也可能转化为收支平衡困难，在某种程度上它们影响了国际债权人的行为。

（二）私人部门外债或可加重公债负担

一国政府不仅需要在国内融资，还需要在国外融资，其国外债权人通常包括国际机构（IMF）、国外政府部门以及国外私人部门（银行、企业及家户）。不只是政府部门需要在国外融资，私人部门也需要向国外借债。过去发展中国家的外部债务几乎都是政府债务，然而，如今发展中国家的私人企业及个人也向国外大规模借债。由于企业及家户的决策是分散的，他们各自决定自身的借贷水平，因此私人部门的借贷水平是分散的。然而，私人部门分散借贷抬高了国家整体信贷成本，提高了违约的风险。因此，私人部门债务也会影响主权债务的可持续性，私人部门债务激增将导致借贷过度和频繁的主权违约。

当外债全部由公共部门所有，私人储蓄与投资平衡，财政可持续条件与外部可持续条件一致。这种情况下，如果实现了稳定公共债务比率所需的基本盈余，外部约束同样被遵守。然而，当私人部门也欠有外债时，财政可持续与外部可持续之间的一致性就被打破了。这种情况下，外部可持续不光依赖于内部预算转移，还依赖于私人部门创造足够的储蓄盈余以偿还其自身的外债。否则外部可持续性无法实现，最终将导致货币危机和债务危机。

开放条件下，财政预算平衡不足以实现外部稳定，很多收支平衡危机的例子是在财政均衡的条件下发生的。例如，20世纪80年代早期，智利的经常账户赤字超过GDP的14%，导致一场严重的金融危机，货币崩溃，银行大批破产，尽管其财政预算是平衡的。同样地，1994—1995年墨西哥爆发危机，危机之前政府已经从大量财政赤字转为财政盈余。更为近期的，1997年金融风暴袭击的东亚国家里，几乎所有国家的财政都是平衡状态或者盈余状态，经常账户赤字反映了私人部门储蓄缺口。有一点值得注意的是，这些国家的危机虽然没有导致主权债务违约，但是私人债务被社会化了。

从另外一个角度来说，私人部门偿还外债也会受政府行为影响。私人部门外债常常是根据宏观经济指标定价，而不是根据私人借贷者的偿还能力，因为政府在私人外债偿还中担当重要角色。政府部门影响私人偿还外债的一个原因是，发展中国家的外债大都以外币计价，而政府操纵着汇率。本币贬值可以导致私人外债的大范围违约。

私人部门债务会影响主权债务可持续性的一个重要原因是，政府通常显性或者隐性地为私人部门外债提供担保。私人部门债务造成的"连带风险"使部分私人债务转化成政府债务，这在很多国家的主权债务中都表现突出。1982年，智利债务国有化就是一个例子。1982年，智利总外债达到200亿美元，其中2/3的债务来自国内私人银行部门。拉美恐慌导致新贷款来源枯竭，智利国内6个最大的私人银行倒闭，智利政府担起了偿还外债的责任。结果，外国债权人依据发展中国家的宏观经济指标为其外债定价。2007年，美国爆发的次贷危机最终也使私人部门的债务演化为国家债务。迪拜世界举借的大量外债最终演化为迪拜酋长国的外债风险。在这种情况下，由于私人个体不能将外部信贷成本的影响内部化从而导致了经济外部性。直观地说，这种经济外部性将会导致过量借贷，而政府在必要的时候需要为私人部门买单。

三、债权人结构

债权人结构是指政府的国内债权人和国外债权人所购买的债券或者提供的贷款的比率，反映了政府融资来源更多地是来自国内还是来自国外。由于数据不可得，难以确切地知道政府债务中有多少资金来自国内债权人，又有多少资金来自国外债权人，因此无法计算政府的外债比率。本书用总外债替代政府的外部融资需求，并采用一个替代性指标来衡量政府债权人结构，这个替代性指标是政府债务与总外债的比率。即：

$$r = 债权人结构 = \frac{国内债权人持有债务}{国外债权人持有债务} \approx \frac{主权债务}{总外债} \times 100\% \quad (5-4)$$

需要强调的是，式（5-4）只是一个替代性指标，衡量主权债务中国内债权人的分量，或者说国内融资所占的比重。如果 r 很大，说明主权债务远超过总外债，主权债务的融资来源主要来自国内债权人。反之，如果 r 很小，说明主权债务的融资来源主要来自国外债权人。后面一种情况下，说明经济体过度依赖外部融资，这既增加了总外债风险，也增加了主权债务风险。

第四节 汇率制度

大体上来说，汇率制度包括浮动汇率制度、固定汇率制度以及中间汇率制度三大类，其中中间汇率制度又包含若干小类。汇率制度的选择与债务危机的发生和应对息息相关。一般而言，固定汇率制度意味着更大的风险，浮动汇率制度更有助于避免和应对债务危机。

一、汇率制度的定义与分类

汇率制度(Exchange Rate Regime, Exchange Rate System, Exchange Rate Arrangement)，是一个国家的货币当局对本国汇率水平的确定、维持、汇率变动方式等问题所做的一系列安排或规定，包括对各国货币比价确定的原则和方式、货币比价变动的界限与调整手段以及维持货币比价所采取的措施等（黄薇，任若恩，2010）。固定汇率（Fixed Exchange Rate）制度和浮动汇率（Floating Exchange Rate, Flexible Exchange Rate）制度是最基本的汇率制度类型。固定汇率是指政府用行政或法律手段选择一个基本参照物，并确定、公布和维持本国货币与该单位参照物之间的固定比价。充当参照物的东西可以是黄金，也可以是某一种外国货币或一组货币。浮动汇率是指汇率水平完全由外汇市场上的供求关系决定，政府不加任何干预的汇率制度。事实上，各国政府或多或少地对汇率水平进行干预和指导。当干预程度较高时，浮动汇率制度就成为管理浮动汇率（Managed Floating Exchange Rate）。

一个国家应该选择固定汇率制度还是浮动汇率制度一直存在争议。一些学者支持浮动汇率制度，如弗里德曼（M. Friedman）、约翰逊（H. Johnson）、哈伯勒（G. Haberler）等；还有一些学者支持固定汇率制度，如纳克斯（R. Nurkse）、蒙代尔（R. Mundell）、金德尔伯格（C. Kindleberger）等。

一般而言，除了固定汇率制度和浮动汇率制度外，还有一大类汇率制度，即中间汇率制度。中间汇率制度包括钉住汇率制度、爬行钉住汇率制度、管理浮动汇率制度等。根据汇率波动自由度和空间大小，中间汇率制度又可以细分为很多小类。国际货币基金组织把世界上现有的汇率制度分为8类，按照从固定到浮动的程度排列，分别是：没有独立法币的汇率制度、货币局制度、其他传统的钉住汇率制度、规定波动幅度的钉住汇率制度、爬行钉住制度、规定波动幅度的爬行钉住制度、管理浮动汇率制度、自由浮动制度。到2006年7月底，中国的汇率制度被归类为其他传统的钉住汇率制度。

二、汇率制度对债务可持续性的影响

汇率制度的选择会影响一个国家主权债务的可持续性。维持合理的汇率水平和健全的汇率制度，是隔绝外部风险的重要保障，尤其是金融危机来袭时。历史上多次债务危机都伴随着汇率波动。很多学者认为，阿根廷债务金融危机的罪魁祸首就是曾成功治理国内恶性通货膨胀的灵丹妙药：货币局制度。随着阿根廷经济出现问题，金融管理当局没有能够适时调整固定汇率制度，导致阿根廷货币的真实价值被高估，严重削弱了出口竞争力。阿根廷的货币局制度虽然对于抑制高通胀和稳定经济发展发挥了一定作用，但是这种本币维持和美元的固定汇率制度是阿根廷债务危机爆发的主要原因。

事实上，没有一种汇率制度是适合所有国家和所有发展阶段的，尤其是对于发展中国家来说，经济金融环境脆弱，金融市场欠发达，汇率制度的选择如果不合理，很容易引发金融危机。第二次世界大战后到20世纪70年代初，全球主要国家实行的都是固定汇率制度。随着布雷顿森林体系的崩溃，各国实行的汇率制度开始多样化，除固定和浮动汇率制度之外，还存在其他汇率制度。世界上主要的发达国家（如美国、英国、日本）采取的都是自由浮动的汇率制度，欧元区国家采取没有独立法币的汇率制度。发展中国家有的采取钉住汇率制度，有的采取管理浮动汇率制度。

对于发展中国家而言，采取钉住汇率制度有一定的好处。这是因为，钉住汇率制度使得政策制定者的政策前后一致，可以通过钉住汇率制度的承诺降低金融危机发生的可能性。然而，钉住汇率制度也隐藏了一定的风险，主要体现在：

首先，固定的钉住汇率制度将外汇风险集中于一个国家的中央银行，这样容易引起危机。固定汇率意味着本应该由市场交易主体承担的外汇风险集中于一个国家的中央银行。中央银行要想成功维持固定汇率，必须持有庞大的外汇储备，而且还要对其进行风险监控和风险处理。但是新兴市场国家这种能力很低，一旦风险来临，发生危机的可能性很高。

其次，固定的钉住汇率制度导致货币调节失效。本国的利率水平除了取决于本国的可贷资金的供求外，还取决于国际资本的行为。根据克鲁格曼的"三元悖论"，货币政策的效果会被国际资本的流动所抵消。固定汇率也使得政府失去了通过调整汇率来提高本国出口部门与进口替代部门在国际市场上综合竞争力的可能。因此，在贸易失衡或者其他经济基本因素变化时，固定汇率存在难以维持的风险。

再次，由于固定汇率制度下，一国政府是外汇风险的承担者，投资资本此时开始"搭便车",不需要承担外汇投机的风险。固定汇率的承诺实际上容易引起外汇投机者的投机,如果同时实行了资本项目开放,那么一旦国际投机资金开始抛售本国货币,一个国家的外汇储备往往无法招架,最终只能够放弃固定汇率,此时投机性的资本便可以获得高额利润。如果投机失败,投机者们还可以以原有汇率进行交易,不用承担风险。

一般而言,发展中国家资本相对短缺,再加上金融管制,造成国内利率水平较高。因此,一旦开放资本账户,资金流入进行套利,当涌入的资金远远超过需求时,如果此时维持固定汇率,货币当局就必须干预市场,国内通货膨胀率高企,名义汇率升值。本币升值造成的直接后果是出口下降,经常账户状况恶化。而由于固定汇率的存在,累积的经常账户赤字会导致投资者对汇率的稳定以及持续性表示质疑,一旦投资者信心低落或者市场逆转,大量资本流出,国际储备减少,就会导致当局无法维持固定汇率制度。一旦如此,汇率大幅度贬值,扩散到国内货币市场和证券市场,造成银行支付崩溃、股价暴跌,危机就会爆发。

对于发展中国家来讲,固定的钉住汇率制度成功运行需要一系列基本条件,例如出口的稳定增长,债务负担较轻,监管当局能够有效地控制国际资本的流动,等等。而一旦这些条件发生变化,固定汇率制度就会引发动荡。墨西哥金融危机表明,在经济环境发生重大变化的背景下,人为地维持固定钉住汇率制度是很困难的。

总的来说,浮动汇率制度有助于避免金融危机。在浮动汇率制度下,外汇风险由市场交易主体承担,各国可以灵活地运用货币政策来解决国内经济问题,汇率由市场决定。一旦国内基本经济因素发生变化,就可以及时有效地反映在外汇市场供求体系,市场自发地释放风险。因此,浮动汇率在一定程度上能够调节风险。更重要的是,在浮动汇率制度下，由于汇率能够随时调整，政府不承诺维持某个汇率水平，所以投机性资金部容易找到汇率明显高估的机会，并且投机者还要承担风险。但是，在发展中国家，如果本币汇率大幅度贬值使得债务人的债务激增，就会导致债务危机发生。

因此，汇率制度选择和危机的发生是息息相关的。由于没有完美的汇率制度存在，一个国家需要根据本国国情来选择合理的汇率制度，否则便容易遭到外部经济环境变化的冲击。

第六章 主权债务可持续性的实证研究

本书的第二章,主权债务可持续性研究综述中已经阐明,如果债务比率发散,最终主权债务将是不可持续的。一般来说,主权债务的比率越高,发生债务危机或者违约的风险就越大。但是,一个国家是否会发生主权债务危机或者违约,并不完全取决于债务比率的高低,这也是有些国家债务比率很高的情况下仍未出现债务危机,而有些国家在较低的债务比率上发生债务违约的原因。因此,债务危机发生的可能性大小,不止受债务比率高低的影响。本章拟建立债务违约概率模型和债务阈值模型,研究影响债务违约概率和债务阈值高低的因素。

第一节 债务违约概率

分析一个国家是否会发生主权债务违约,从建立债务违约概率模型开始。本小节的任务就是建立一个二元选择模型,研究债务比率、经济因素、债务结构(主权债务/总外债)和制度因素对债务违约概率的影响。

一、模型构建

二元选择模型是一种常用的离散因变量模型，是在两个可供选择的方案中选择其一，被解释变量只取两个值，即 1 和 0。二元选择模型的目的是研究具有给定特征的个体做某一种而不做另一种选择的概率。一个国家是否发生债务违约或者危机正是二元选择的结果，因此用二元选择模型来模拟债务违约或者危机发生的概率是非常合适的。

根据第五章的机制分析，影响主权债务可持续性的因素有四类：第一类是债务负担，以主权债务比率和总外债比率表示。第二类是宏观经济状况，包括国内宏观经济因素，即经济增长率、经济增长率的波动状况和通货膨胀率；对外宏观经济因素，即出口增长率、经常账户比率及贸易条件。第三类是债务结构（主权债务/总外债），即主权债务与总外债的比率。第四类是汇率制度，包括固定汇率制度、浮动汇率制度及中间汇率制度。

汇率制度是以虚拟变量的形式加入债务阈值模型的。虚拟变量是反映定性因素变化、只取 0 和 1 的人工变量。由于汇率制度有固定汇率制度、浮动汇率制度及中间汇率制度三大类，因此需要设置 2 个虚拟变量，分别是：

$$D_1 = \begin{cases} 1 & \text{固定汇率制度} \\ 0 & \text{其他} \end{cases} \qquad D_2 = \begin{cases} 1 & \text{浮动汇率制度} \\ 0 & \text{其他} \end{cases}$$

因此，对于采取固定汇率制度的国家，$D_1=1$，$D_2=0$；对于采取浮动汇率制度的国家，$D_1=0$，$D_2=1$；对于采取中间汇率制度的国家，$D_1=0$，$D_2=0$。[①]

综合以上分析，用表 6-1，表示债务阈值模型的解释变量、含义、预期符号和理论说明。

表 6-1　解释变量、含义、预期符号及理论说明

解释变量	含义	预期符号	说明
sd	主权债务比率	+	主权债务与 GDP 的比率 sd 越高，发生债务违约或危机的概率越高
g	当年经济增长率	−	GDP 年变动率 g 越大，偿债能力越强，违约的概率越低
$\bar{g}$	前5年平均经济增长率	−	前5年经济增长率的几何平均值 $\bar{g}$ 越高，偿债能力越强，违约的概率越低
$se7$	前7年经济增长率波动	+	前7年经济增长率的标准差 $se7$ 越大，经济基本面越不稳定，违约的概率越高
$se5$	前5年经济增长率波动	+	前5年经济增长率的标准差 $se5$ 越大，经济基本面越不稳定，违约的概率越高
π	通货膨胀率	+或−	价格水平的年变动率 通货膨胀一方面引起资本外逃，另一方面可以稀释国内债务，对债务违约概率的影响方向不确定
ex	出口增长率	−	出口增长额的年变动率 ex 越高，一个国家偿还外债能力越强，私人部门债务风险越小，对主权债的影响越小，债务违约概率越低
ca	经常账户比率	−	经常账户平衡与 GDP 的比率。逆差时该比率为负数 ca 越大，偿还外债能力越强，出现外债违约或者危机的可能性越低

---

① 按照 IMF 对汇率制度的粗略分类，共有四大类汇率制度：第一类是固定汇率制度，包括没有独立法币的汇率制度、宣称钉住或者货币局制度、宣称波动幅度不超过±2%的汇率制度，和事实上的钉住汇率制度；第二类是爬行钉住汇率制度，包括宣称爬行钉住汇率制度、宣称波动幅度不超过±2%的爬行钉住、事实上的爬行钉住，和事实上波动幅度不超过±2%的爬行钉住；第三类是规定波动幅度的汇率制度，包括宣称波动幅度不低于±2%的爬行钉住、事实上波动幅度不超过±5%的爬行钉住、不超过±2%的波动幅度（即允许随时间升值或贬值2%以内）和管理浮动汇率制度；第四类是自由浮动制度。本书将第二类和第三类汇率制度都作为中间汇率制度处理，以达到简化分析的目的。

续表 6-1

解释变量	含义	预期符号	说明
tt	贸易条件	−	出口商品单位价格与进口商品单位价格之比 tt 越大,国际竞争力越强,偿还债务的能力越强,发生危机的概率越低
fd	总外债比率	+	总外债(包括政府部门与私人部门)与 GDP 之比 fd 越高,主权债务的比率也往往越高,(尤其在危机时期,私人部门外债也可以转化为政府部门外债),债务风险越高,违约概率越大
r	债务结构	−	主权债务与总外债之比。r 值大,说明政府主要依赖国内融资,发生债务危机的风险低
d_1	固定汇率	+	固定汇率制度下政府要承担外汇风险,债务负担较重的情况下不利于避免危机发生
d_2	浮动汇率	−	浮动汇率制度下,市场能够自发释放外汇风险,债务危机发生的概率降低

设 y_i 表示取值为 1 和 0 的离散型随机变量:

$$y_i = \begin{cases} 1 & \text{处于债务违约或危机年份} \\ 0 & \text{其他} \end{cases}$$

债务违约概率模型的回归形式是:

$$y_i = \alpha + \beta_1 sd + \beta_2 g + \beta_3 g_- + \beta_4 se7 + \beta_5 se5 + \beta_6 if + \beta_7 ex \\ + \beta_8 ca + \beta_9 tt + \beta_{10} fd + \beta_{11} r + \beta_{12} d_1 + \beta_{13} d_2$$

根据上述理论分析和模型假设,系数 β_1,β_4,β_5,β_{10},β_{12} 应为正数,系数 β_2,β_3,β_7,β_8,β_9,β_{11},β_{13} 应为负数,系数 β_6 正负待定。

二、样本与国家

(一) 样本国家

该模型中涉及的国家是 1975 年以来曾经出现主权债务危机或者违约的国家,其中大部分来自拉丁美洲,共有 16 个。将债务危机出现或者持续年份的被解释变量赋值为 1，其余年份的被解释变量赋值为零。主权债务比率数据是样本国家、所有年份的债务比率，而不局限于违约或危机年份，共有 453 组数据。根据这 453 个样本点，建立了 Probit 模型，估计解释变量与债务违约概率之间的关系。

(二) 数据来源及处理方法

1. 数据来源

本书所建立的债务违约概率模型涉及 13 个解释变量，分别是主权债务比率、经济增长率、前 5 年平均经济增长率、前 7 年经济增长率波动、前 5 年经济增长率波动、通货膨胀率、出口增长率、经常账户比率、贸易条件、总外债比率、债务结构（主权债务/总外债）和汇率制度（包括固定汇率制度和浮动汇率制度）。各国经济增长率来自世界银行（WB）的世界发展指数（WDI）；通货膨胀率和大部分主权债务比率数据来自莱因哈特（Reinhart）和罗格夫（Rogoff）的数据库[①]；出口增长率、经常账户比率以及贸易条件是根据国际货币基金组织（IMF）的国际金融统计（IFS）各年度数据计算得出的；总外债比率来自 RR 数据库以及世界银行（WB）的世界发展指数（WDI）；少量数据来自 OECD 数据库；汇率制度依据国际货币基金组织（IMF）的标准进行分类。

2. 处理方法

数据处理方面，前 5 年平均经济增长率取样本点所处年份前 5 年经济增长率的几何平均数；前 7 年经济增长率波动用前 7 年经济增长率的标准差表示；前 5 年经济增长率波动用前 5 年经济增长率的标准差表示；债务结构用主权债务与总外债的比率表示。模型中所用的数

---

① RR（Reinhart，Rogoff）数据库：http://reinhartandrogoff.com/。

据不涉及价值变量的时间因素处理问题。

三、估计结果

利用设定的模型形式，分布函数采用标准正态分布，选择 Binary 估计方法对 453 组数据进行回归，得到 Probit 模型的估计结果（表 6-2），表中的 3 个模型解释变量个数逐渐减少。从解释变量的显著性来看，模型 3 的估计结果最理想。模型 3 的估计结果显示，对债务违约概率影响较为显著的几个变量分别是：主权债务比率、前 7 年的经济增长率波动状况、出口增长率、国家的整体外债比率以及债务结构（主权债务/总外债）状况。在模型 2 中，经常账户比率的统计检验虽然显著，但其系数符号值得质疑。正的系数符号表明经常账户比率越高，发生债务违约或者危机的概率越大，显然不符合经济学原理。因此，在模型 3 中，经常账户比率这一指标也被剔除。

表 6-2 债务违约 Probit 模型计量结果

变量	模型 1			模型 2			模型 3		
	系数	标准差	P 值	系数	标准差	P 值	系数	标准差	P 值
sd	0.0032	0.0037	0.3876	0.0045	0.0035	0.1968	0.0057	0.0033	0.0866*
g	−0.0056	0.0188	0.7678						
$\bar{g}$	−0.1053	0.0336	0.0017***	−0.1083	0.0321	0.0007***			
$se7$	0.2898	0.0733	0.0001***	0.2895	0.0676	0.0000***	0.2565	0.0514	0.0000***
$se5$	−0.1034	0.0919	0.2604	−0.0898	0.0883	0.3090			
π	−5.2E−05	9.5E−05	0.5818						
ex	−0.0113	0.0044	0.0100***	−0.0115	0.0042	0.0060***	−0.0110	0.0040	0.0056***
ca	0.0245	0.0171	0.1532	0.0298	0.0164	0.0685*			

续表 6-2

变量	模型 1			模型 2			模型 3		
	系数	标准差	P 值	系数	标准差	P 值	系数	标准差	P 值
tt	−0.0007	0.0006	0.2574	−0.0008	0.0006	0.2182			
fd	0.0158	0.0057	0.0053***	0.0133	0.0054	0.0129**	0.0121	0.0047	0.0098***
r	−0.0097	0.0268	0.7171	−0.0188	0.0264	0.4752	−0.0320	0.0196	0.1029*
d_1	−0.1348	0.1777	0.4481						
d_2	0.1275	0.1718	0.4581						
	McFadden R−squared=0.2475 Mean dependent var=0.3822 Log likelihood=−225.2368			McFadden R−squared=0.2489 Mean dependent var=0.3863 Log likelihood=−226.9617			McFadden R−squared=0.2166 Mean dependent var=0.3863 Log likelihood=−236.7289		

说明：***，**，*分别表示在1%，5%，10%水平下显著。

二元选择模型中估计的系数不能被解释成对因变量的边际影响，只能从符号上判断。如果系数符号为正，表明解释变量越大，因变量取1的概率越大；反之，如果系数为负，表明相应的概率越小。

本书选择模型3作为最终的债务违约概率模型，根据模型的估计结果，写出债务违约概率方程如下：

$$y = -1.7914 + 0.0057sd + 0.25651ex + 0.0121fd - 0.0320r \tag{6-1}$$

由债务违约概率方程（6-1），可以估算发生债务违约或者债务危机的概率。具体的估算方法是：

$$\begin{aligned} p(y=1) &= \Phi(y) \\ &= \Phi(-1.7914 + 0.0057sd + 0.2565se7 - 0.0110ex \\ &\quad + 0.0121fd - 0.0320r) \end{aligned} \tag{6-2}$$

四、结论

根据表 6-2 所示的估计结果,可以得到以下几点结论。

(一)债务负担越重则债务越不可持续

估计结果表明,在其他变量保持不变的条件下,债务比率越高,违约的概率越大。模型中,主权债比率是主权债务规模相对于经济规模的比率;外债比率是一个国家总外债规模相对于经济规模的比率。这二者都衡量了债务负担的轻重。主权债务比率越高,说明政府偿债所需的财政盈余越高,一旦国内经济增长率不能够满足财政盈余需求,债务将不可持续。外债包含了政府部门和私人部门的对外总负债,外债负担越重,偿债所需的外汇收入越多,一旦出口贸易不能满足偿债所需的外汇需求,债务将岌岌可危。

(二)经济波动不利于债务可持续性

估计结果表明,在其他变量保持不变的条件下,前 7 年的经济增长率波动幅度越大,违约的概率越大。经济增长率波动幅度越大说明经济增长越不稳定,"脆弱"的经济一方面导致政府难以获得稳定的税收来源用以弥补财政赤字和偿还债务,另一方面严重打击投资者对该经济体的信心,导致资本外流,政府债券的价格和利率也将难以维持,主权债务可持续性受到威胁。经济增长率大幅波动的原因可能是受到外来冲击,或者经济体自身出现不稳定因素。这表明,外来冲击或者自身不稳定因素可能会导致未来债务违约概率上升。

(三)提高出口增速可以增强债务可持续性

估计结果表明,在其他变量保持不变的条件下,出口增长率越高,主权债务违约的概率越小。这同样也表明,出口增长率如果下降,债务违约的概率将会上升。本书第四章所总结的特征事实上也体现了这一点。20世纪80年代,拉美国家普遍发生债务危机,同时期的亚洲却没有出现债务问题。由于亚洲国家普遍实施出口导向政策而拉美国家实施进口替代政策,亚洲国家的出口增速快于拉美国家。尽管亚洲和拉美的经常账户与GDP之比同样变动,债务与出口之比、偿债额与出口之比却存在明显差异,这就是20世纪80年代亚洲国家没有发生债务危机的原因。

(四)提高国内融资比重可以增强债务可持续性

估计结果表明,债务结构对违约概率的影响是显著的。在其他变量保持不变的条件下,一国政府的国内融资比重越高,债务违约的风险越小。日本和爱尔兰是两个显著的例子。日本的主权债务比率一直高于总外债比率,原因是主权债务比率上升迅速而外债比率上升缓慢。1970年,日本的主权债务比率是8.5%,总外债比率是7.2%,二者还比较接近。1980年,日本的主权债务比率达到39.6%,总外债比率才12.2%。到了2000年,日本的主权债务比率突破100%,达到106.5%,总外债比率也才25.9%。当2013年日本的主权债务比率达到228.4%的时候,其总外债比率还在60%以下。这说明一直以来日本的债务负担主要体现在政府对国内债权人的大量负债,依靠国内债权人为财政赤字融资是更为可靠的融资渠道,有利于降低主权债务违约风险。

爱尔兰则是一个反面的例子。20世纪以来,爱尔兰的主权债务负担并不是很重，且进入 21 世纪以来主权债务比率一直在下降，但是同时期的总外债比率却在不断上升。1970 年，爱尔兰的主权债务比率是 62.2%，略高于总外债比率（54.5%），此后二者都缓慢上升。爱尔兰主权债务负担最重的年份在 20 世纪的 80 年代，于 1987 年达到近百年来的最高值 112.4%，此后不断下降。2007 年，美国次贷危机爆发时爱尔兰的主权债务比率才 19.8%，然而同年的总外债比率却飙升至 871.8%。这说明爱尔兰严重依靠外部融资，且由于私人部门背负了过于沉重的外债负担，最终使得政府在很低的债务比率上出现偿付困难。可见，过度依赖外部融资对于主权债务健康运行是一件很危险的事情。

五、违约概率值估计

将债务违约 Probit 模型所用 453 组样本数据分为 A，B 两组，A 组是未发生债务危机的样本组，B 组是发生债务危机的样本组。由两组数据模拟到的债务违约概率值具有不同的分布特征及统计值。对于 A 组数据估算到的违约概率均值是 0.28，对于 B 组估算到的违约概率均值是 0.54。根据这两组平均水平，可以初步判断，如果一个国家的债务违约概率高于 0.54 的平均值，则具有较高的违约风险，反之，当债务违约概率低于 0.28 的平均值，则违约风险较低。然而，依照这种方法来判断一个国家是否会违约难免过于武断。实际分析中，还应该结合具体国家的具体情况，以一个国家违约年份的历史估计值以及未违约年份的历史估计值为参考依据，当估算出的数据高于违约年份的历史估计值时，说明发生债务违约或危机的风险较大，反之风险较小。

表 6-3，列举了样本国家债务违约（危机）发生年份的债务违约概率估计值。可以发现，债务违约年份的概率估算值一般都高于 0.5,

个别国家除外，如斯里兰卡、危地马拉和希腊。

表 6-3　债务违约概率估计值

国　家	年　份	违约概率	国　家	年　份	违约概率
阿根廷	1982	0.69	玻利维亚	1982	0.49
	1989	0.88		1986	0.93
	2001	0.52		1989	0.54
	2002	0.99	哥斯达黎加	1981	0.89
巴　西	1983	0.49		1983	0.97
	1986	0.58		1984	0.90
	1990	0.34	巴拿马	1984	0.83
厄瓜多尔	1984	0.36		1987	0.81
	1999	0.55		1988	0.94
乌拉圭	1987	0.76	委内瑞拉	1983	0.53
	1990	0.67		1990	0.58
斯里兰卡	1982	0.35		1995	0.64
	1996	0.38	巴拉圭	1986	0.68
危地马拉	1986	0.35	肯尼亚	1994	0.67
墨西哥	1982	0.41	智　利	1983	0.84
希　腊	2009	0.33	爱尔兰	2009	1
葡萄牙	2010	0.77	西班牙	2010	0.61

第二节　债务阈值的决定

前面已经给出了债务阈值的定义，债务阈值是一个国家发生主权债务危机或者债务违约时，其主权债务余额与 GDP 的比率。

如前所述，历史上债务违约或者危机发生的年份，债务阈值差异较大，有的国家债务阈值低于60%，有的国家债务阈值高于100%。债务阈值巨大差异的背后是经济状况、外资依赖程度、债务结构（主权债务/总外债）与制度的差异。经济差异仍然体现在国内外宏观经济因素方面，外资依赖程度用总外债比率表示，债务结构（主权债务/总外债）用主权债与总外债的比率来体现，制度差异主要指汇率制度的不同。研究这些差异对债务阈值的影响是本节的目的。

一、模型构建

基于前述分析，本节引入影响债务阈值的相关变量有四类：第一类是宏观经济因素，包括处于债务违约或债务危机年份的国内宏观经济因素，即经济增长率、通货膨胀率；债务违约与危机年份的对外宏观经济因素，即出口增长率、经常账户比率及贸易条件。第二类是外债负担，用总外债比率表示。第三类是债务结构（主权债务/总外债），以主权债务与总外债的比率表示。第四类是汇率制度，包括固定汇率制度、浮动汇率制度及中间汇率制度。其中，汇率制度仍然以虚拟变量的形式加入债务阈值模型，分别是：

$$D_1 = \begin{cases} 1 & 固定汇率制度 \\ 0 & 其他 \end{cases} \qquad D_2 = \begin{cases} 1 & 浮动汇率制度 \\ 0 & 其他 \end{cases}$$

对于采取固定汇率制度的国家，$D_1=1$，$D_2=0$；对于采取浮动汇率制度的国家，$D_1=0$，$D_2=1$；对于采取中间汇率制度的国家，$D_1=0$，$D_2=1$。

综合以上分析，用表6-4，表示债务阈值模型的解释变量、含义、预期符号和理论说明。

表 6-4 解释变量、含义、预期符号及理论说明

解释变量	含义	预期符号	说明
g	当年经济增长率	+	GDP 年变动率 g 越大,偿债能力越强,可以承受的债务比率越高
$\bar{g}$	前 5 年平均经济增长率	+	前 5 年经济增长率的几何平均值 $\bar{g}$ 越高,偿债能力越强,可以承受的债务比率越高
$se7$	前 7 年经济增长率波动	−	前 7 年经济增长率的标准差 $se7$ 大,经济波动幅度大,可以承受的债务比率低
$se5$	前 5 年经济增长率波动	−	前 5 年经济增长率的标准差 $se5$ 大,经济波动幅度大,可以承受的债务比率低
π	通货膨胀率	+或−	价格水平的年变动率 通货膨胀一方面引起资本外逃,另一方面可以稀释国内债务,对债务阈值的影响方向不确定
ex	出口增长率	+	出口增长额的年变动率 ex 高,则偿还外债能力强,可以负担的外债负担大
ca	经常账户比率	+	经常账户平衡与 GDP 的比率。逆差时该比率为负数 ca 高,则偿还外债能力越强,可以负担的外债负担大
tt	贸易条件	+	出口商品单位价格与进口商品单位价格之比 tt 越高,国际竞争力越强,偿还债务的能力越强,可以负担的债务比率越高
fd	总外债比率	+或−	总外债(包括政府部门与私人部门)与 GDP 之比 一方面,总外债比率越高,主权债务的比率也往往越高,尤其在危机时期(私人部门外债也可以转化为政府部门外债)。另一方面,总外债比率过高,也可导致政府在较低的主权债务比率上违约
r	债务结构	+	主权债务与总外债之比。r 高,说明政府主要依赖国内融资,国内债务风险较低,可以承受的债务比率高
d_1	固定汇率	−	实行固定汇率制度的国家可承受的政府债务负担相对较轻
d_2	浮动汇率	+	实行浮动汇率制度的国家可承受的政府债务负担相对较重

将一个国家的主权债务比率设为变量，基于以上分析的债务比率模型可以设定如下：

$$y = \alpha + \beta_1 g + \beta_2 g\_ + \beta_3 se7 + \beta_4 se5 + \beta_5 if + \beta_6 ex + \beta_7 ca$$
$$+ \beta_8 tt + \beta_9 fd + \beta_{10} r + \beta_{11} d_1 + \beta_{12} d_2 \qquad (6\text{-}3)$$

根据上述理论分析和模型假设，系数 β_1，β_2，β_6，β_7，β_8，β_{10}，β_{12} 应为正数，系数 β_3，β_4，β_{11} 应为负数，系数 β_5，β_9 正负待定。

二、样本与数据

（一）样本国家

该模型中涉及的国家是 1975 年以来曾经出现主权债务危机或者违约的国家，其中大部分来自拉丁美洲，共有 16 个。所用的债务阈值数据是样本国家出现债务违约或者处于债务危机之中的所有年份的债务比率，而不局限于违约或危机第一年的债务比率，共有 175 组数据。根据这 175 个样本点，建立了截面数据模型，估计解释变量与债务阈值之间的关系。

（二）数据来源及处理方法

1. 数据来源

本书所建立的债务比率模型涉及 8 类指标变量，分别是债务阈值、经济增长率、通货膨胀率、出口增长率、经常账户比率、贸易条件、整体外债比率和汇率制度。各国经济增长率来自世界银行（WB）的世界发展指数（WDI）；通货膨胀率和大部分主权债务比率数据来自莱因哈特（Reinhart）和罗格夫（Rogoff）的数据库[①]；出口增长率、经常账户比率以及贸易条件是根据国际货币基金组织（IMF）的国际金融统计（IFS）各年度数据计算得出的；整体外债比率来自 RR 数据库以及世界银行（WB）的世界发展指数（WDI）；少量数据来自 OECD 数据库；汇率制度依据国际货币基金组织（IMF）的标准进行分类。

2. 处理方法

数据处理方法与本章第一节债务违约概率模型相同，即：前 5 年平均经济增长率取样本点所处年份前 5 年经济增长率的几何平均数；前 7 年经济增长率波动用前 7 年经济增长率的标准差表示；前 5 年经济增长率波动用前 5 年经济增长率的标准差表示；债务结构用主权债务与总外债的比率表示。同样地，模型中所用的数据不涉及价值变量的时间因素处理问题。

三、估计结果

对 175 组数据进行线性计量回归，得到的债务阈值估计结果，见表 6-5，表中的 3 个模型解释变量个数也在逐渐减少。各个模型的拟合优度都达到了 0.94，在截面回归模型中已经较高，说明模型对样本数据的拟合优度很高。剔除统计检验不显著的解释变量，再根据模型的显著性检验（F 检验）结果，本书选择模型 3 作为最终的债务阈值模型。模型 3 的估计结果显示，对债务阈值影响较为显著的几个变量分别是：发生债务违约或者危机前 5 年的经济增长率波动状况、违约或者危机当年的通货膨胀率水平、整体外债负担，以及债务结构（主权债务/总外债）因素。

[①] RR（Reinhart，Rogoff）数据库：http://www.reinhartandrogoff.com/。

表 6-5 债务阈值模型计量结果

变量	模型1			模型2			模型3		
	系数	标准差	P值	系数	标准差	P值	系数	标准差	P值
g	0.0733	0.1610	0.6496						
$\bar{g}$	0.1225	0.2971	0.6806						
$se7$	0.0052	0.6784	0.9939						
$se5$	−0.7517	0.6936	0.2801	−0.6981**	0.3348	0.0386	−0.8056***	0.2958	0.0071
$se3$	0.0624	0.4274	0.8841						
if	−0.0024	0.0017	0.1473	−0.0028*	0.0016	0.0722	−0.0032**	0.0015	0.0346
ex	−0.0137	0.0423	0.7470	−0.0063	0.0392	0.8718			
ca	−0.1355	0.1481	0.3618	−0.1479	0.1376	0.2838			
tt	0.0078	0.0084	0.3508	0.0071	0.0080	0.3753			
fd	1.0711***	0.0262	0.0000	1.0634***	0.0226	0.0000	1.0691***	0.0221	0.0000
r	0.4991***	0.0199	0.0000	0.4992***	0.0196	0.0000	0.5004***	0.0184	0.0000
d_1	−1.4461	1.6843	0.3918	−1.6047	1.6444	0.3306			
d_2	−1.0579	1.7165	0.5386	−1.2529	1.6381	0.4455			
	R−squared=0.942269 S.E. of regression=8.654532 F−statistic=202.1374			R−squared=0.942115 S.E. of regression=8.56033 F−statistic=298.3893			R−squared=0.941182 S.E. of regression=8.501263 F−statistic=680.0626		

说明：***，**，*分别表示在1%，5%，10%水平下显著。

四、结论

根据表6-5所示的估计结果，可以得到以下几点结论。

（一）经济增长对提高债务耐受水平无效

表6-5展示的3个模型里，经济增长率对债务阈值的影响均不显著。不管是债务危机当年的经济增长率还是危机发生前5年的平均增

长率，都不影响违约时的债务比率。这说明，虽然高速的经济增长率可以降低债务违约风险，但是对于政府可承受的"安全"债务水平没有影响。由此可见，经济增长率较高的国家未必能承受较重的债务负担，而经济增长率较低的国家未必承受不了较重的债务负担。通过对比发展中国家和发达国家的经济增长率及债务阈值也可以发现，发展中国家通常具有更高的经济增长率，但是其反而更容易在较低的债务比率上出现危机。发达国家虽然经济增长率低于发展中国家，但是其所能承受的债务比率反而更高。

(二) 经济增长波动降低债务耐受水平

模型估计结果显示，以标准差表示的经济增长率波动对债务阈值影响显著。其他变量不变的条件下，经济增长率波动幅度越大，政府所能负担的债务比率越低。估计结果表明，债务危机前 7 年和前 5 年的经济增长率波动并不都是显著的，只有前 5 年的经济增长率波动对债务阈值的影响是显著的。根据模型估计结果，当经济体受到外来冲击或者自身出现不稳定因素而导致经济增长频繁波动时，未来政府可以负担的债务比率将会下降。这说明，相对于经济增长率本身，经济增长率的波动对债务耐受水平的影响更加重要。

(三) 通货膨胀降低债务耐受水平

模型估计结果显示，通货膨胀水平对债务阈值影响显著。其他变量不变的条件下，通货膨胀率越高，政府的债务耐受水平越低。通货膨胀是一把"双刃剑"。一方面，通货膨胀降低债务本金的实际价值和政府债务的实际利率，通过收入再分配效应使债务人收益而债权人受损；另一方面，一旦债权人意识到债务国正在经历高速通货膨胀，将会大量抛售政府债券，导致债券价格下降，收益率上升，威胁到主权债务的可持续性。因此，通货膨胀并不能提高主权政府的债务耐受水平，不能使债务在更高的水平上健康运行。由于通货膨胀降低了一国政府的债务耐受水平，即降低了债务阈值，一些国家试图借助通货膨胀避免债务危机的努力不但难以奏效，反而会使危机提前到来。

（四）依赖国内融资提高债务耐受水平

模型估计结果显示，政府国内融资比重越高，可负担的"安全"债务比率越高。国内融资占比高，说明国内债权人所占的分量越重。由于国内资金来源比较稳定，依靠国内债权人为财政赤字融资承担的风险比较小，因此即使主权债务比率很高，出现债务危机的可能性也较小。可以用日本、美国和欧元区债务危机国作为例子来说明。日本主权债务的债权人多为本国机构或者居民，虽然主权债务比率自2011年开始超过了200%，但目前并没有出现偿付危机。美国的联邦债务多为政府基金（养老金账户等）所持有，外国债权人持有的债务仅占债务总额的1/3左右，且国外债权人主要是中国、日本等外汇储备充足稳定的国家。爱尔兰2009年出现债务危机时，主权债务比率是46%，外债比率是1 019%，国外债权人所占的分量太重，导致其在较低的债务比率上出现危机。西班牙也是过度依赖外部融资，2010年外债比率是174%，主权债务比率是45.2%，同样发生了债务危机。

（五）对外经济制度因素对债务阈值无影响

模型估计结果显示，出口增长率、经常账户比率、贸易条件和汇率制度等对外经济和制度因素对债务阈值无影响。可能的原因是，这些对外经济与制度因素影响的主要是外债可持续性，提高出口增长率，改善经常账户比率，改善贸易条件对于增强外债偿还能力是有益的，但是对于提高中央政府的债务耐受水平并没有影响。至于汇率制度,与对外经济因素一样,主要作用于外债可持续性,对中央政府的债务耐受水平作用不明显。

五、模型估计值与观测值的比较

根据债务阈值截面模型的估计结果,写出债务阈值方程如下:
$$y=-51.6281-0.8056se5-0.0032if+1.0691fd+0.5004r \quad (6-4)$$

由债务阈值方程,可以估算历史上债务危机年份的债务阈值(估计值),并与实际债务比率(观测值)做比较。表 6-6,列举了样本国家债务违约发生年份的债务比率观测值与模型估计值。

表 6-6 债务比率的观测值与模型估计值/%

国 家	年 份	观测值	估计值	国 家	年 份	观测值	估计值
阿根廷	1982	55.2	51.2	玻利维亚	1980	41.9	44.8
	1989	118.2	96.7		1982	35.4	42
	2001	54	52.9		1986	178.1	167.5
	2002	165	161.8		1989	97.6	98
巴拿马	1983	86.6	89.5	乌拉圭	1983	75.9	71.4
	1987	92.2	97.9		1987	70.9	65
	1988	105	120.3		1990	59.5	58
巴西	1983	47.9	45.3	委内瑞拉	1983	23.5	23.2
	1986	56.3	55.2		1990	64.8	65.1
	1990	50	58.6		1995	69.3	67.4
哥斯达黎加	1981	158.3	143.5	斯里兰卡	1980	78.4	85.7
	1983	136	137.2		1982	81.6	81.5
	1984	114.5	113.7		1996	93.2	90

续表 6-6

国　家	年份	观测值	估计值	国　家	年　份	观测值	估计值
厄瓜多尔	1984	74.5	72.6	南　非	1985	31.3	27.7
	1999	100.7	102.2		1989	33.7	42
墨西哥	1982	79.3	77.5	巴拉圭	1986	57.1	57.5
危地马拉	1989	48.8	57.1	肯尼亚	1994	97.2	101.7
希　腊	2009	126.8	172.5	葡萄牙	2010	86.1	219.3
意大利	2010	117.5	120.4	西班牙	2010	48.4	145.6

对于债务危机中的发达国家，使用该模型估算出的债务阈值有的与实际债务比率很接近，例如意大利，有的则与实际债务比率相差较大，如西班牙、葡萄牙、爱尔兰。估算的债务阈值与实际债务比率差异较大的原因主要有两点：一是本书所建的债务阈值模型样本数据大都来自拉美国家，模型结果受拉美国家债务及经济特征影响较大，根据模型估算的债务阈值对于拉美国家而言与实际债务比率较为接近；二是本轮欧元区债务危机中部分国家外部债务比率出奇的高，与样本中绝大多数国家情况迥异，导致模型失灵。例如，爱尔兰2008年的总外债比率达到880%，2009年开始则超过了1 000%；葡萄牙2008年的总外债比率达到198%，2009年便上升到240%。相比之下，1975年以来发生过债务危机的国家里，绝大多数国家的总外债比率是低于100%的，甚至有超过30%的样本点外债比率低于50%。欧元区部分国家过于严重地依赖外部融资，导致其债务结构（主权债务/总外债）极其不合理，难以估算出合理的债务阈值。

第三节 主权债务可持续性的国别研究：美国

一、美国的主权债务状况

（一）财政缺口

回顾美国第二次世界大战以来联邦政府财政收入与支出的规模，发现大部分的财政年度里联邦政府的财政支出都是超过财政收入的。如图 6-1 所示，1940—2011 年的 82 个财政年度里大约 85% 的年份出现财政缺口，只有 8 个年份实现了财政盈余，其中有 4 年是在克林顿任期内实现的。次贷危机发生后联邦财政支出扩张和财政收入停滞并存，一方面财政支出从 2007 年的 2.7 万亿美元上升到 2013 年的 3.8

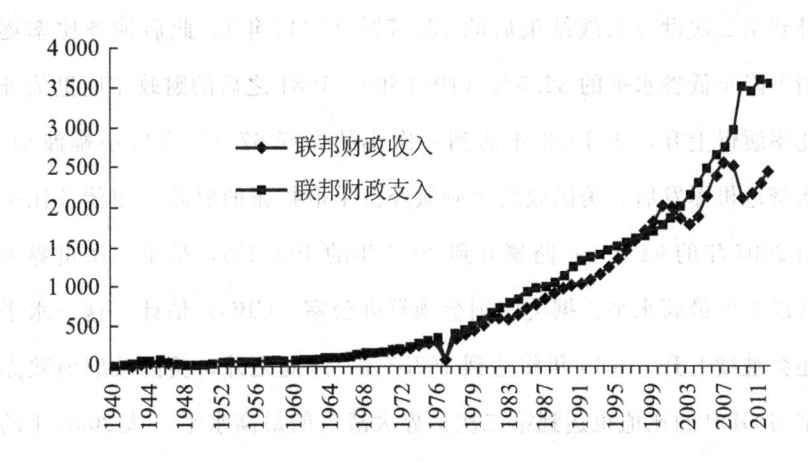

图 6-1 1940—2011 年联邦财政收入与支出/（十亿美元）

数据来源：美国国会预算办公室（CBO）。

万亿美元；另一方面，财政收入从 2007 年的 2.6 万亿美元下降到 2.1 万亿美元，直到 2013 年才上升到 3 万亿美元左右。赤字率从 2008 年的 3.2% 激增到 2009 年的 10.1%。经粗略计算，2007 年次贷危机爆发至 2013 年，美国联邦政府积累了约 6.6 万亿美元的财政赤字，与 2013 年第二季度末 GDP 的比率达到了 40%。巨大的财政缺口只能靠发行债务来弥补，导致联邦政府的债务存量飙升。

(二) 债务累积

债务多高是安全的？没有统一的标准。按照欧盟《马斯特里赫特》条约的规定，各成员国要将财政赤字控制在 GDP 的 3% 以下，将国债规模控制在 GDP 的 60% 以下。如果按照欧盟的债务警戒线标准，美国的债务早已处于危机的边缘。历史上最重的债务负担最重往往出现在战时，美国也不例外。自 1940 年以来，美联邦总债务与 GDP 比率出现过 3 次高峰，分别是第二次世界大战期间、20 世纪 90 年代中期和当前。其中历史最高值出现于第二次世界大战期间，美国联邦政府债务占 GDP 的比重从第二次世界大战伊始的 52.4%（1940 年）飙升到第二次世界大战结束后的 121.7%（1946 年），此后债务比率逐渐下降至低谷水平的 32.5%（1981 年）。1981 之后的财政年度里债务比率缓慢上升，于 1996 年达到一次小的高峰 67.1% 之后小幅波动。次贷危机爆发后，美国政府为刺激经济采取扩张的财政，使债务比率由 2007 年的 64.6% 一路攀升到 2012 年的 103.2%，是第二次世界大战以来的最高水平。据美国国会预算办公室（CBO）估计，这一水平还会继续上升，2014 年将达到 107.3%。除此之外，美国政府财政赤字与 GDP 的比值也达到第二次世界大战后的最高水平，从 2008 年的 3.2% 激增到 2009 年的 10.1%，此后的 3 年赤字水平占 GDP 的比重分别是 8.9%、8.6% 和 6.9%。联邦政府财政赤字及债务余额与 GDP

比率的变动趋势,如图 6-2 所示。

图 6-2　1940—2012 年联邦政府财政赤字及债务规模

数据来源:美国国会预算办公室(CBO)。

值得一提的是,美国政府的净利息支出占 GDP 的比重并没有因为债务负担加重而上升。剔除通货膨胀因素,美国债务的实际利率甚至为负。造成超低利率的主要原因是美联储扩张性的货币政策,三轮量化宽松为市场注入了大量的流动性。美联储在 2013 年 12 月的会议上宣布,从 2014 年 1 月起将每月 850 亿美元的资产购买规模减至 750 亿美元,这标志着第三轮量化宽松(QE3)退出政策正式启动。此前我国财政部副部长朱光耀曾表示,美联储退出超常规宽松政策后超低利率还会持续一段时间。

二、美国债务结构(主权债务/总外债)特征

(一)主权债务持有者结构

联邦政府债务的持有者包括联邦政府账户和公众持有者,其中公众持有者包括美联储、居民、企业及外国投资者。联邦政府账户

持有债务的主体是联邦社保基金和医疗信托基金等，该部分债务持有比率自20世纪80年代以来不断上升，21世纪初稳定在42%左右，次贷危机发生后债务持有比率下降，2012年降到29.7%。与联邦政府账户持有债务变动趋势形成鲜明对比的是公众（其他）持有的债务。这里"其他"的公众主要指国内企业、居民等私人投资者，以及国外投资者。次贷危机爆发后其他公众持有的联邦债务快速上升，其中很大一部分来自对外债务扩张，其两大债权国中国和日本近几年来持有的美国国债大幅增加。以我国为例，2000年我国持有的美国国债仅有600亿美元左右，不到日本的20%；2008年年底我国持有的美国国债开始超过日本，称为美国第一大债权国，持有的美债超过了7 000亿美元；最新的统计数据显示，截至2013年8月底，我国已经持有美国12 681亿美元的国债，比2000年增长了210倍。联邦债务持有者变动趋势，如图6-3所示。

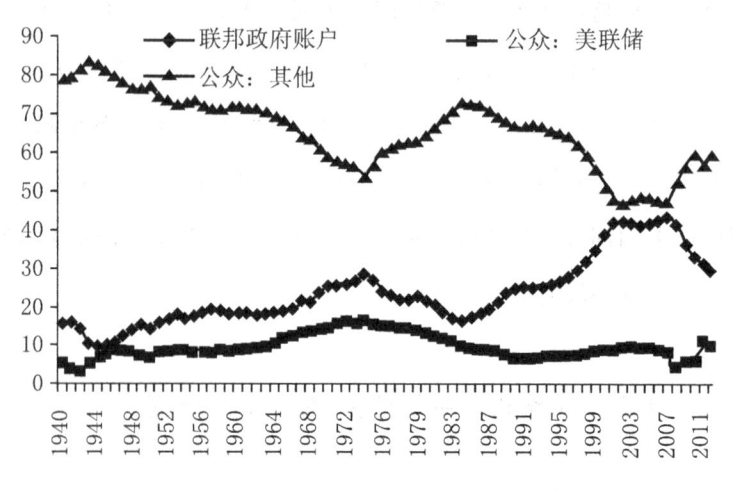

图6-3 美国主权债务持有者结构/%

数据来源：美国联邦储备委员会。

（二）整体外债情况

美国的整体外债情况可以通过其国际投资头寸表（IIP）来反映。国际投资净头寸为正，表明对外是净资产，国际投资净头寸为负，表明对外是净负债。1985年以前，美国的国际投资净头寸是正的。自1986年开始，美国的国际投资净头寸开始转向负数，美国从对外净债权国变成对外净负债国，且对外净债务占GDP的比重越来越高，如图6-4所示。1986年，美国对外净负债278亿美元，占当年GDP的0.6%；到了2000年，美国对外净负债已经达到13 370亿美元，占当年GDP的13%；2013年，美国对外净负债数额是45 775亿美元，与当年GDP的比重达到27.3%。由此可见，不管是绝对值还是相对值，美国的整体对外净负债在二十几年间都呈现了几十倍甚至上百倍的增加。

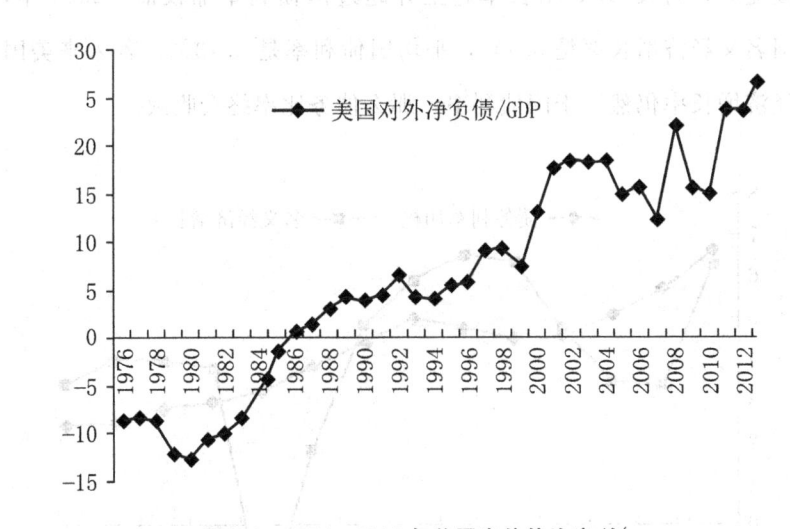

图6-4 1976—2012年美国净外债比率/%

数据来源：美国经济分析局（BEA）。

三、美国主权债务可持续性检验

(一)传统方法检验

1. 债务比率检验

先用传统方法判断美国主权债务可持续性,即比较近年来美国国债利率与经济增长率的大小关系。图 6-5,展示了 2000—2013 年美国的国债利率和经济增长率,其中国债利率是各种可转售国债和不可转售国债的加权平均值,经济增长率是名义 GDP 的变化率。从图 6-4 可以看出,自次贷危机爆发以来,国债利率一直处于下降趋势,这与美联储的几轮量化宽松政策有关。同期的增长率则经历了先降后升的过程,其中 2009 年还出现了负增长(-2.23%),自 2010 年开始经济缓慢复苏,名义 GDP 增长率赶上并超过国债利率加权值。2013 年,美国名义经济增长率是 3.4%,平均国债利率是 2.43%。若未来美国的经济增长率仍然高于国债利率,那么债务比率终会收敛。

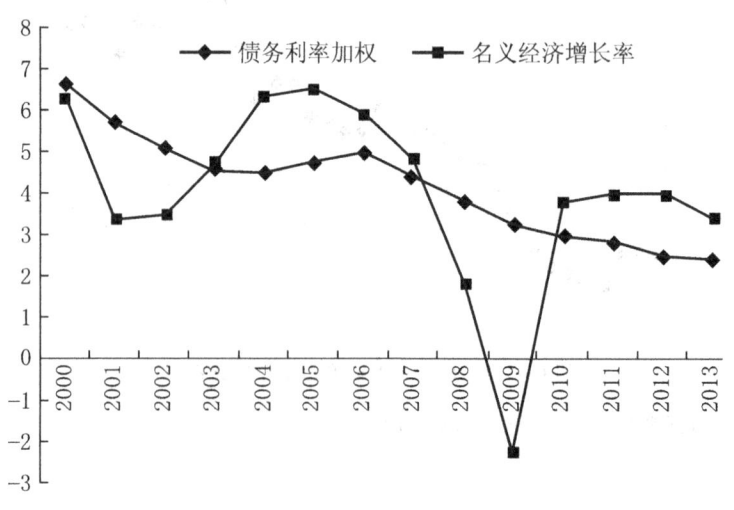

图 6-5 2000—2013 年美国国债利率及经济增长率/%

数据来源:美国经济分析局(BEA)、美国公共债务局(BPD)。

2. 协整检验

协整检验是主权债务可持续性检验中最常用的方法。通过检验中央政府财政支出和财政收入之间是否具有长期均衡关系来判定收支差异是否会依时收敛。在进行协整检验之前,我们首先要验证变量的时间序列是否平稳。如果变量的时间序列是平稳的,则可以直接做协整检验;如果变量非平稳但是同阶单整,也可以进行协整检验。序列平稳性根据单位根检验的结果判定,这里我们用的是 PP (Phillips-Perron) 方法,因为该方法避免了对常数项和趋势项的假设,应用起来较为方便。PP 检验的结果显示,在 1% 的显著性水平上,财政支出和财政收入都是一阶单整的,因此可以对二者进行协整检验。

对两个变量进行协整检验往往采用 E-G 两步法。E-G 两步法的基本思想是回归方程的残差进行单位根检验。因变量能被自变量的线性组合所解释,两者之间存在稳定的均衡关系,因变量不能被自变量解释的部分构成一个残差序列,这个残差序列应该是平稳的。因此,我们可以通过检验财政支出与财政收入回归方程的残差序列来判定二者是否具有长期均衡关系。通过对二者回归方程的残差序列进行平稳性检验,发现在 10% 的显著性水平上残差序列是平稳的。这表明美国的财政支出和财政收入之间是具有长期均衡关系的,详见表 6-7。

表 6-7 美国财政支出与财政收入协整检验结果

		T 统计量	概率(p 值)
PP 统计量		−2.624701	0.0928
临界值	1%	−3.525618	
	5%	−2.902953	
	10%	−2.588902	

依据协整检验的结果,美国的主权债务是可持续的。这与债务比率检验法得到的结果是一致的。

(二) 本书方法检验

根据本章建立的债务违约概率模型以及债务阈值模型,也可以判断美国主权债务的可持续性。

1. 债务违约概率

根据式(6-2)所列的债务违约概率方程可以估算美国自次贷危机爆发以来发生债务违约的概率,结果见表6-8。由表6-8不难发现,2011美国债务违约概率值最高,但也只是0.29,其他年份估算的债务违约概率值都小于未发生债务危机国家的债务危机概率平均值(即0.28)。因此可以判断,美国发生债务违约的概率很低,其主权债务是可持续的。

表6-8 2008—2014年美国主权债务违约概率模拟

年份	主权债务比率(sd)	前7年经济增长波动(se7)	出口增长率(ex)	整体外债比率(fd)	债务结构(主权债务/总外债)(r)	估算的债务违约概率
2008	69.7	1.4	11.3	154.4	45.1	0.23
2009	85.1	1.8	−14.2	144.5	58.9	0.21
2010	94.3	3.2	16.9	152.5	61.8	0.22
2011	98.9	3.2	14.5	163.3	60.6	0.29
2012	103.2	2.9	4.6	157	65.7	0.24
2013	106.5	2.6	2.8	158	67.4	0.22
2014	107.3	2.4	1.1	158	67.4	0.20

说明:2014年的外债比率假定与2013年相同;2014年的出口增长率取第一季度值。

数据来源:美国经济分析局(BEA)。

2. 债务阈值

同样地,可以根据式(6-4)所列的债务阈值方程估算美国自次贷危机爆发以来的债务阈值,结果见表6-9。根据表6-9估算的债务阈值高于每年的实际债务比率,故而美国当前的主权债务负担低于其可承受的最大负担,是可持续的。

表6-9 2008—2014年美国主权债务阈值模拟

年份	前5年经济增长波动(se5)	通货膨胀率(if)	整体外债比率(fd)	债务结构(主权债务/总外债)(r)	估算的债务阈值/%
2008	1.0	2.2	154.4	45.1	135.2
2009	2.1	0.9	144.5	58.9	130.7
2010	3.6	1.3	152.5	61.8	139.5
2011	3.1	2.1	163.3	60.6	150.8
2012	2.7	2.4	157	65.7	146.9
2013	2.7	1.5	158	67.4	148.8
2014	2.7	1	158	67.4	148.8

说明:2014年的外债比率假定与2013年相同;2014年的出口增长率取第一季度值。

数据来源:美国经济分析局(BEA)。

四、结论

本小节分别使用已有文献中提供的传统检验方法和本书构建的债务可持续性检验方法对美国的主权债务可持续性进行了实证检验。其中,传统检验方法包括静态检验法(检验经济增长率与利率的大小关系)和动态检验法(检验财政支出和财政收入的协整关系);本书构建的检验方法包括债务违约概率估算法和债务阈值估算法。使用传统检验方法得到的结果显示，美国自 2010 年开始经济增长率超出了国债利率，且财政收入与财政支出具有长期均衡关系，故而得出美国主权债务可持续的结论。使用本书构建的实证分析方法得到的结果显示，美国 2008—2014 年的债务违约概率大都低于未违约样本的平均值，且 2008—2014 年的实际债务比率低于估算的债务阈值，综合传统检验和本书实证分析的结果可以判断，美国目前不会发生主权债务危机，其债务是可持续的。

第四节　主权债务可持续性的国别研究：日本

一、日本的主权债务状况

（一）财政缺口

近 40 年来，日本政府的税收收入一直无法满足支出需求，导致财政总支出与税收收入之间的缺口越来越大。1975 年，日本的财政缺口是 7.1 兆亿日元，此后这一缺口逐渐扩大，到 1983 年达到 18.2 兆亿日元。此后财政缺口经历了几年小幅收窄的过程，1990 年缩到 9.2 兆亿日元之后便一路攀升，于 2009 年达到 62.3 兆亿日元的最大值。1975—2013 年日本的财政收支，如图 6-6 所示。

由于存在巨大的财政缺口，日本政府每年需要发行债务弥补失衡。为了便于比较，表 6-10，列举了部分 OECD 国家财政赤字率。由表 6-10 不难发现，财政赤字率最高的国家是日本、美国和英国，相比之下财政表现最好的国家是德国。

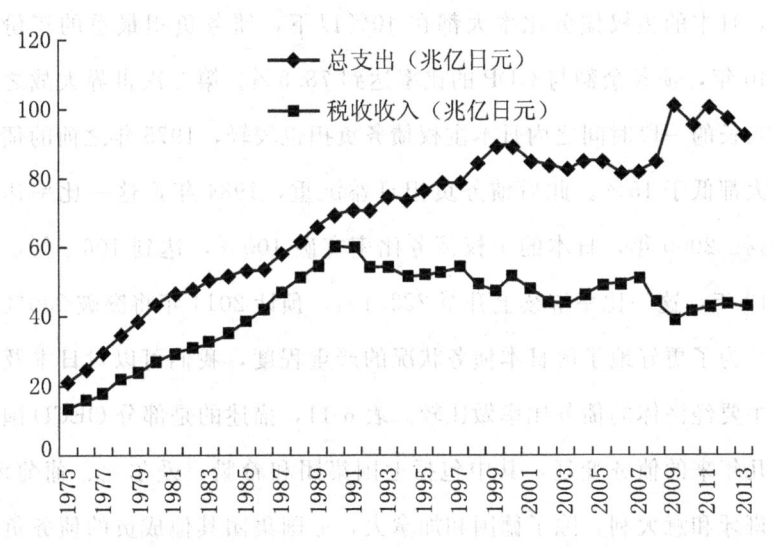

图 6-6 1975—2013 年日本财政支出与税收收入状况

数据来源：日本财务省。

表 6-10 OECD 部分国家政府一般账户财政赤字率/%

国家	2007	2008	2009	2010	2011	2012	2013	2014
日本	−2.6	−3.1	−8.9	−8.3	−8.7	−9	−9.2	−7.6
美国	−5	−5	−8.4	−13.7	−12.6	−11.2	−9.6	−6.7
英国	−3	−5.1	−11.2	−10	−7.9	−6.2	−6.9	−5.9
德国	0.2	−0.1	−3.1	−4.2	−0.8	0.1	0.1	0.2
法国	−2.7	−3.3	−7.6	−7.1	−5.3	−4.8	−4.2	−3.7
意大利	−1.6	−2.7	−5.4	−4.3	−3.7	−2.9	−3	−2.8
加拿大	1.5	−0.3	−4.5	−4.9	−3.7	−3.4	−3	−2.2

数据来源：OECD，2014 年的数据是预测值。

（二）债务负担及国际比较

伴随着日本逐年扩大的财政缺口的是日本日益沉重的主权债务负担。事实上，第二次世界大战以前，有确切数据可考的 1872—1940

年，日本的主权债务比率大都在 40% 以下，债务负担最重的年份是 1940 年，债务余额与 GDP 的比率达到 78.5%。第二次世界大战之后相当长的一段时间之内日本主权债务负担也较轻，1975 年之前的债务比大都低于 15%。此后债务负担日益沉重，1984 年，这一比率达到 50%。2000 年，日本的主权债务比率突破 100%，达到 106.5%，至 2013 年，这一比率继续上升至 228.4%，预计 2014 年将突破 230%。

为了更好地了解日本债务状况的严重程度，我们可以对日本及西方主要经济体的债务比率做比较。表 6-11，描述的是部分 OECD 国家近几年来的债务变迁，其中包括七国集团和希腊、爱尔兰、葡萄牙、西班牙和意大利。除了德国和加拿大，七国集团其他成员的债务负担率都大幅上涨。显而易见，日本的债务负担最为严重。主权债务比率从 2007 年的 162.4% 上升到 2013 年的 228.4%，6 年的时间里上升了 60 个百分点。不管是从债务比率上看，还是从债务比率的上升幅度上看，日本的债务负担都是最严重的，其次是希腊、爱尔兰、葡萄牙、西班牙和意大利。美国的债务负担率比危机前涨了 65%，属于上涨较为严重的国家。

表 6-11 OECD 部分国家债务比率/%

国家	2007	2008	2009	2010	2011	2012	2013	2014
美国	66.3	75.3	88.8	97.9	102.3	106.3	109.1	110.4
日本	162.4	171.1	188.7	193.3	210.6	219.1	228.4	233.1
德国	65.6	69.9	77.5	86.1	86.3	89.2	87.9	85.1
法国	73	79.3	91.3	95.6	99.5	109.7	113.5	116.3
英国	47	57.5	72	85.6	100.4	103.9	109.1	113
意大利	114.4	116.9	130.1	128.9	122	140.2	143.6	144
加拿大	65	69	81.5	83	83.4	85.5	85.2	85.3

数据来源：OECD，2014 年的数据是预测值。

二、日本债务结构（主权债务/总外债）特征

(一) 主权债务持有者结构

从债务比率上看，日本的债务问题比其他国家都严重得多。但是很多比日本债务负担轻的国家都发生了债务危机而日本却没有，这与日本的债务结构（主权债务/总外债）有着密切的关系。由于日本的国内利率一直较低，且通货紧缩，使日本民众和企业倾向于购买中长期国债以获得稳定收益。IMF的数据显示，高达95%的日本国债由国内长期投资者持有，主要债权人是银行和财阀，而另外5%的国外债权人也主要是各国央行。相比之下，希腊、爱尔兰、葡萄牙、西班牙等国有将近2/3的国债由国外大型金融机构持有，在信用违约掉期（CDS）的利益诱惑下，欧元区债券被做空，导致国债收益率不断推高，难以像日本那样稳定。

(二) 整体外债情况

关于日本债务结构（主权债务/总外债）的另一个显著特征就是，日本的整体外债比率处于很低的水平，且大部分的外债是由私人部门欠下的，政府外债在总外债中所占的比重不足一半。图6-7，展示了2003—2013年日本的对外债务比率状况。可以发现，不管是政府外债比率还是总外债比率都没有发生过高的增长。总外债比率方面，2003年，日本总外债比率是34%，2011年这一比率达到最高值56.7%，到了2013年又下降到47.2%。政府外债比率方面，2003年，政府外债占GDP的比重仅有5.7%，这一比率同样在2011年达到最高值20.9%，随后于2013年下降到15.3%。外债压力较小，对内债务的债权人又比较稳定，这是日本能够承受较高的债务比率的主要原因之一。

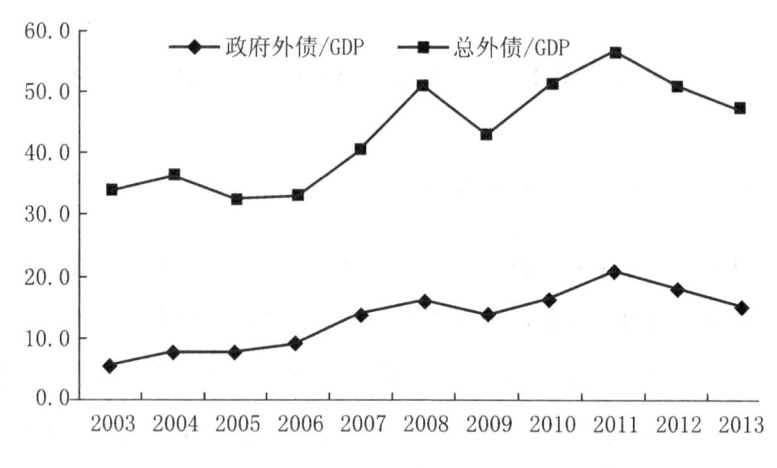

图 6-7 2003—2013 日本对外债务比率/%

数据来源：OECD。

三、日本主权债务可持续性检验

（一）传统方法检验

1. 债务比率检验

先用传统方法判断日本主权债务可持续性，即比较近年来日本国债利率与经济增长率的大小关系。图 6-8，展示了 1991—2012 年日本的国债利率和经济增长率，其中国债利率来自日本财务省 2013 年年底公布的财政状况报告。从图 6-8 可以看出，自 1991 年以来，国债利率一直处于下降趋势。事实上，自 2003 年以来，日本的国债利率平均水平一直低于 2%。同期的经济增长率则经历了上下浮动的过程，自 2008 年以来还出现了连续的负增长（2010 年除外）。

由图 6-7 不难发现，1991—2012 年的大部分时间里国债利率是高于经济增长率的，只有 5 个年份里经济增长率超过了国债利率，分别是 2004 年、2006 年、2007 年、2010 年和 2012 年。根据已有文献对主权债务可持续性的静态检验方法，若经济增长率低于国债利率，主权债务比率是发散的；若经济增长率高于国债利率，主权债务比率是收敛的。鉴于日本的经济增长率在大部分年份里都低于国债利率，未来的经济增长状况存在不确定性，因此日本的主权债务存在较大风险。

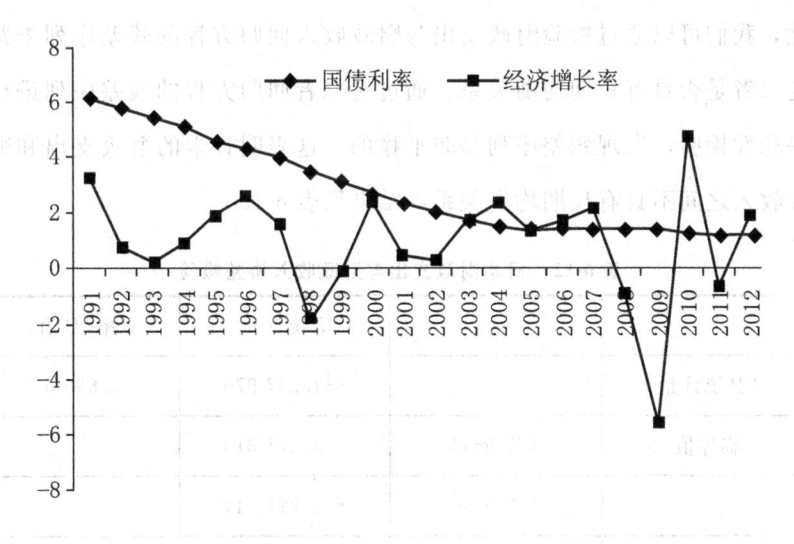

图 6-8　1991—2012 年日本国债利率及经济增长率/%

2. 协整检验

前面第三节使用协整检验的方法考察了美国财政支出和财政收入的长期关系，这里可以用同样的方法来检验日本的财政收入与财政支出是否具有长期均衡关系。若财政支出和财政收入之间具有长期均衡关系，则收支差异会依时收敛。同样地，在进行协整检验之前，我们首先要验证变量的时间序列是否平稳。如果变量的时间序列是平稳的，则可以直接做协整检验；如果变量非平稳但是同阶单整，也可以进行协整检验。采用 PP（Phillips-Perron）方法检验序列平稳性，结果表明日本的财政支出和财政收入都是非平稳序列，且在 1% 的显著性水平上，财政支出和财政收入都是一阶单整的，因此可以对二者进行协整检验。

继而采用 E-G 两步法对财政支出和收入进行协整检验。E-G 两步法的基本思想是回归方程的残差进行单位根检验。因变量能被自变量的线性组合所解释，两者之间存在稳定的均衡关系，因变量不能被自变量解释的部分构成一个残差序列，这个残差序列应该是平稳的。因此，我们可以通过检验财政支出与财政收入回归方程的残差序列来判定二者是否具有长期均衡关系。通过对二者回归方程的残差序列进行平稳性检验，发现残差序列是非平稳的。这表明日本的财政支出和财政收入之间不具有长期均衡关系，结果见表 6-12。

表 6-12　日本财政支出与财政收入协整检验

		T 统计量	概率（P 值）
PP 统计量		−1.237 970	0.650 6
临界值	1% level	−3.571 310	
	5% level	−2.922 449	
	10% level	−2.599 224	

由表 6-12 的检验结果得知，日本的财政支出与财政收入长期内并不存在协整关系，说明日本财政收支的差异并不能随着时间而收敛。根据该检验结果，日本的财政是不可持续的。

（二）本书方法检验

根据本章所建债务违约概率模型以及债务阈值模型，也可以判断日本主权债务可持续性。

1. 债务违约概率

根据式（6-2）所列的债务违约概率方程可以估算日本自 2008 年以来发生债务违约的概率，结果见表 6-13。比较让人吃惊的是，日本 2008—2014 年债务违约概率都非常微小,近似等于零。这个结果表明日本发生债务违约的概率微乎其微,其主权债务是可持续的。

表 6-13 2008—2014 年日本主权债务违约概率模拟

年份	主权债务比率(sd)	前7年经济增长波动(se7)	出口增长率(ex)	整体外债比率(fd)	债务结构(主权债务/总外债)(r)	估算的债务违约概率
2008	171.1	0.82	9.9	45.6	367.2	0
2009	188.7	1.2	−26.1	41.2	446.4	0
2010	193.3	2.83	32.7	47.1	489.1	0
2011	210.6	3.26	7.1	52.7	399.6	0
2012	219.1	3.21	−2.9	50.8	431.3	0
2013	228.4	3.25	−10.5	57.2	399.3	0
2014	233.1	3.24	−2.7	57.2	407.5	0

2. 债务阈值

同样地,可以根据式(6-4)所列的债务阈值方程估算日本自 2008 年以来的债务阈值,结果见表 6-14 所示。据估算,2008 年、2009 年和 2010 年的债务阈值高于实际债务比率,而之后从 2011 年开始估算债务阈值低于实际债务比率。例如,2013 年的债务阈值估计结果是 215.4%,而事实上的债务比率是 228.4%,高出债务阈值 13 个百分点;2014 年的债务阈值估算结果是 210.4%,而实际债务比率的预测值是 233.1%,高出债务阈值 22 个百分点。根据以上分析,日本当前的主权债务负担高于其可承受的最大负担,存在一定风险。

表 6-14　2008—2014 年日本主权债务阈值模拟

年份	前5年经济增长波动(se5)	通货膨胀率(if)	整体外债比率(fd)	债务结构(主权债务/总外债)(r)	估算的债务阈值/%
2008	0.44	−1.3	45.6	367.2	180.6
2009	1.37	−0.5	41.2	446.4	214.7
2010	3.18	−2.2	47.1	489.1	240.9
2011	3.88	−1.9	52.7	399.6	201.6
2012	3.83	−0.9	50.8	431.3	215.4
2013	3.78	0.4	57.2	399.3	206.3
2014	3.81	1.0	57.2	407.5	210.4

四、结论

本小节分别使用已有文献中提供的传统检验方法和本书构建的债务可持续性检验方法对日本的主权债务可持续性进行了实证检验。其中，传统检验方法包括静态检验法（检验经济增长率与利率的大小关系）和动态检验法（检验财政支出和财政收入的协整关系）；本书构建的检验方法包括债务违约概率估算法和债务阈值估算法。使用传统检验方法得到的结果显示，日本在大部分年份里国债利率高于经济增长率，且财政收入与财政支出不具备长期均衡关系，故而得出日本的主权债务不可持续的结论。使用本书构建的实证分析方法得到的结果显示，日本自 2011 年以来的实际债务比率超出了其安全的债务临界值（即债务阈值），因此存在一定的风险。然而，鉴于债务违约概率模型估算结果显示日本发生债务违约的概率几近于零，综合考虑后得出的结论是，日本目前不会发生主权债务危机，但是由于其债务比率已经达到了上限，未来仍然存在一定风险。

第七章 主权债务危机解决途径

一旦主权债务比率达到阈值水平,就意味着中央政府已经达到了其所能负担的债务上限,很可能爆发主权债务危机。如何降低债务负担以维持债务可持续性是一个重要的问题。本章的第一节和第二节列举了解决主权债务危机的直接途径和间接途径,并对它们的可行性或者利弊进行了分析。由于间接途径存在更大不确定性且更具有讨论价值,因此第三节和第四节分别阐述了金融抑制和经济途径解决债务危机的有效性。

第一节 直接途径

顾名思义,解决主权债务危机的直接途径是一经实施便可立即将债务比率降至阈值以下的途径,包括财政整顿、出售资产、外部援助和赖账(违约)。

一、财政整顿

一国政府可以通过财政整顿减少政府支出或者增加税收收入,以达到降低财政赤字和主权债务水平的目的。财政整顿指的是一系列降低政府财政赤字的措施，包括增加税收、削减支出或者二者相结合。财政整顿的好处是，如果债务水平过高是由于政府支出过多或税收过低引起的，有目标导向的财政整顿对于降低债务水平是有效的。财政整顿还可以在一定程度上提高经济增速。例如，对整顿措施的可信承诺可以增加投资者对政府的信心，降低其对政府债券要求的利率。如果政府较低的借贷成本可以同时降低消费者及企业面临的利率，消费支出和投资将会增加，经济产出扩张。如果财政整顿可以降低未来税收预期，将会鼓励私人部门支出，具有扩张效应（刺激经济增长）。

财政整顿也有一些缺点。首先，整顿措施实施起来成本高昂，因为财政整顿措施短期内降低总需求，导致经济紧缩、失业率上升，这也是整顿措施常常被称为紧缩措施的原因。其次，一旦经济增长比债务下降得快，债务与 GDP 的比率事实上将会上升，就不能有效地缓解政府债务负担。最后，整顿计划很不受欢迎，实施起来还有政治上的阻力，难以实现既定目标。一些国家就出现过反对财政整顿的抗议声，例如比利时、希腊、爱尔兰、西班牙。再次，在经济颓势时期，主权债务危机时常来袭，且凯恩斯需求管理理论认为政府应该通过扩大支出或减少税收来刺激经济。然而，政府刺激经济的努力可能遭到债权人的反对，因为他们觉得政府已经负债累累了。最后，债权人对主权政府的承诺丧失信心，或者对政府偿债能力表示怀疑，导致债务支出陡增，未来会使债务可持续性状况恶化。

有一种观点认为，通过向其他国家政府或 IMF 获取财政金融援助可以减轻财政整顿的紧缩效应，那样整顿改革可以在较长的时间框架内进行。然而，IMF 和欧洲国家提供的金融援助往往通过贷款的形式进行，例如希腊、爱尔兰和葡萄牙，那样只会恶化该国的问题，使债务水平不断上涨。

二、出售资产

出售资产可以帮助政府平衡资产负债表。很多国家的政府拥有大量的国内或海外资产,历史上不乏出售房地产、金条甚至战舰来还债的例子。[①] 除了偿还公共债务,出售国有企业也可以提高经济效益及增长率。然而,清算国家财产来偿还债务可能会引起政治争议,尤其当债权人是外国人时。进一步说,国家资产通常可以创造经常性收入,如果出售将会是一笔损失,这对偿债构成更大的挑战。出售政府资产也是相对较慢的过程,且匆忙的"减价出售"也没有什么吸引力。即使政府资产可以全价出售,这也只能减少政府债务很小的一部分。对于已经出售的政府资产,未来很难再获得,不管是通过交易还是国有化,尤其是那些位于国外或者可以移到国外的资产。所有这些因素联合作用,决定了出售国家资产可能是处理主权债务问题最没吸引力的选择。然而,出售资产却可以向债权人传递一个重要的信号,那就是,政府正在兑现其坚持偿债的承诺。

三、外部援助

对主权国家的援助可以采取多种不同形式。一种通行的做法是,政府通过寻求外部资金支持用于投资和消费以刺激经济增长,通过这种方式解决主权债务问题。这种"搭桥"融资法可以帮助经济体度过暂时的经济下滑。第二次世界大战以来的国际借贷机构,例如IMF,在协调重债国家的外部信用方面扮演了主要角色。然而,给一个原本已经重债的国家安上更多的债务是有争议的。赠款与债务

[①] 美国从拿破仑法国购买路易斯安那州便是一个著名的案例。还有一个不太著名的案例,1940年2月英国财政部出售其在美国的英帝国烟草股票,这是美国向其提供借贷的前提条件。

减免可以立即帮助一个国家回归到债务可持续的位置，这对于债务国来说是不足为奇的流行方法。债权国延长债务国还款期限的协定给债务国提供了更多偿还债务的时间。所有这些援助形式，大多带有一些附加条件。例如，IMF 贷款通常取决于接受者进行经济和政府改革的情况，且 IMF 要定期审核以确保政策执行。IMF 的目的是提高受助国的经济效率和竞争力，以确保其偿还能力。

四、赖账

赖账，也就是"违约"，在历史上可能是降低主权债务水平最常用的手段了。然而，违约对债务人和债权人都有负面影响。违约国家难免会遭受一些艰难困苦，包括无法再在资本市场上融资，被迫进行突然的财政整顿，被索取更高的利率，以及政治后果。虽然违约常常导致重大损失，债权人通常具有足够的手段迫使债务人偿还一定比例的债务，即使违约事件已经过去相当长的时间。

当一个国家的主权债务过大，对于债务人而言负担过于繁重时，可以选择对债务重新安排，这便是债务重组。债务重组是代替直接违约的一个办法，通常做法是修改贷款条件，例如延长还款期限或者降低债务利率，前面所讲的外部援助也是债务重组过程中常用的手段。然而，这种"重组"或"部分"违约经常导致未来各国借贷成本更高、信贷条件更严格。

债务重组事实上提供了偿还债务的优惠条件，也可以减少债务本金。不管在哪种情况下，债权人拿到的钱都比之前承诺的要少。债务重组不同寻常但并不是史无前例。几个新兴市场经济体在 20 世纪 90 年代和 21 世纪初进行过债务重组，包括俄罗斯和阿根廷等。债务重组的支持者认为，当政府限制对居民实行紧缩措施的时候，这是政府减轻债务负担的办法。反之，将债务削减的成本落在了私人债权人头上。

然而，重组也算不上降低债务负担的合意选择。例如，IMF 的经济学家曾经说过，发达国家的债务重组是"不必要、不可取、不可能"的。对一些发达经济体来说，政府债务中的大部门是由国内持有。这说明，通过债务重组给私人部门债权人造成损失，而不是采取财政紧缩措施的办法缓解债务危机，可能无法使政府免于遭受国内强烈反对。同时，债务重组后政府可能很难再在资本市场上借到钱，这就意味着政府需要更快实现财政预算平衡或者盈余。否则他们将面临更高的利率，借贷成本更高。

债务重组在逻辑上也可能存在困难。可能需要组织成千上万个债券持有者并与他们谈判，这样非常烦琐且耗时，尽管最近有关主权债务的法律修案可以简化债务重组程序[①]。最后，债务重组是不可取的，因为它会使投资者焦虑而且将会危及传染至其他国家。例如，欧元区出现债务危机，欧洲国家和 IMF 正在努力阻止危机从诸如希腊、爱尔兰和葡萄牙这样的小国蔓延至区域大国，包括西班牙、意大利和比利时。

第二节 间接途径

除了直接途径，还有两种解决债务危机的间接途径，是指通过间接的手段降低政府偿债成本或者提高政府偿债能力的途径。间接途径包括行政途径（金融抑制）和经济途径（经济增长和通货膨胀）。

---

① 特别是 2000 年之后流行的主权债务重组的"集体行动条款"简化了债务重组程序。"集体行动条款"规定，当绝大多数（如 75%）的债权人同意债务重组，对所有债券持有人都具有法律约束力。如果没有"集体行动条款"，一些债权人可能会要求更高的条件，从而减缓重组进程。

一、行政手段：金融抑制

"金融抑制"是指政府通过一定的政策诱导或者强迫国内投资者在人为压低的利率水平上购买政府债券。尤其是，他们将债券的利率压低到通货膨胀率水平之下，导致实际利率水平（通货膨胀调整后的利率水平）为负。其他条件相同的情况下，以实际为负的利率水平获得贷款必然导致债务与GDP的比率随着时间的推移下降。为了让投资者购买这些债券，政府使用一大堆政策，例如限制资本流出，让他们购买这些债券。还有，政府可能要求养老基金持有政府债券。

伴有适度通货膨胀的金融抑制可以在减轻政府债务负担方面发挥重要作用。金融抑制有时被称为"秘密"税收，包含一些复杂的不透明的政策，这些政策使政府可以在优惠利率下获得资金。加在金融系统头上的与金融抑制相关的规则，例如资本管制，通常是不受欢迎的。之前有研究显示金融抑制对经济表现及增长具有负面影响。金融抑制具体是由什么政策组合构成的，没有统一标准。例如，意在提高金融系统稳定性的"谨慎"措施，如《巴塞尔协议III》和《偿付能力监管标准II》要求金融机构持有更高比例的"安全"资本（例如，主权工具），也就有金融抑制的特征，因为金融抑制措施强迫私营企业持有比它们意愿持有更多的政府债务。最后，和通货膨胀一样重要的是，金融抑制只对本币发行的债务起作用。

经验证明，第二次世界大战后几个发达国家采取过金融抑制的手段来降低公债水平。据估计，1945—1980年大概有一半的时间发达国家的实际利率是负的。一些经济学家估计，第二次世界大战结束后到20世纪70年代，在美国和英国，金融抑制帮助降低了3%—4%的债务水平，或者每10年降低30%—40%（Nelson R. M.，2012）。

金融抑制可能是有吸引力的，因为它避免了其他政策在降低债务水平时的陷阱：它避免了政治上痛苦的财政紧缩政策，比债务重组破坏性小，不需要向经济体引入意外的通货膨胀，是比经济增长更确定的选择。然而，金融自由化的 30 年来，政府要通过资本管制等金融抑制的手段来降低债务也具有技术上的难度。政策制定者要在资本逃逸发生之前进行管控也是不容易的。金融抑制在政治上也可能遇到麻烦，因为投资者们对限制其投资机遇或者要求他们购买认为压低利率的政府债券的要求持反对态度。

二、经济手段

（一）经济增长

经济增长可以降低一个主权债务相对于经济规模（GDP）的比率，也许是实现主权债务可持续的最佳途径。一个国家产出扩张，可以在不提高税率的情况下创造额外税收收入。增长可以通过扩张的财政和货币政策刺激来实现，或者通过微观层次的结构性改革来实现。然而，扩张的财政政策会导致更多的债务，"宽松"的货币政策，例如降低利率，可能会因为企业及家户不愿意购买或增长投资及消费而无效。在微观层面，可以通过一系列结构性改革来支持增长，结构性改革可以提高产业竞争力。例如消除人员流动壁垒、私有化国有企业、采取自由的贸易政策。IMF 为希腊制订的计划就包括结构性改革以刺激经济增长。

经济增长还可以导致政府支出水平降低和税收收入增加，降低主权债务的美元价值。短期来看，经济稳定是可持续增长的必要条件。通过经济增长缓解债务危机的途径是很多政策制定者的特别偏好。一些人认为历史上经济增长是解决巨大债务负担的唯一途径①。然而，Buiter(1985) 和 Reinhart，Sbrancia(2011) 指出，是通货膨胀和金融抑制在第二次世界大战后债务危机的解决中扮演了关键角色。以英国为例，第二次世界大战后该国经济增长与财政赤字对削减债务的作用相互抵消，只有通货膨胀对降低债务比例起到了作用。关于英国1948—1984年国家债务—收入比率的双重分析见Buiter(1985)。

通过经济增长解决债务问题的好处是，不用痛苦的财政削减或者疏远债权人就可以解决债务问题。但是，改革的成效要有较长的时间才能显现，对于已经处于债务危机的国家短期内仅仅依靠经济增长来解决债务问题可能还是有困难的。除此之外，经验表明债务比率高的国家在经济增长方面存在问题②。正是由于将经济增长作为短期内降低债务的方法存在不确定性，IMF在解决希腊问题的规划中不仅包括结构性改革，还将财政削减作为核心环节。

(二) 通货膨胀

政府因向银行透支、增发纸币来弥补财政赤字，降低国民手中货币的购买力，被喻为"通货膨胀税"，是市场经济国家政府执行经济政策的一种工具。在纸币流通条件下，国家增发纸币虽然可达到取得一部分财政收入的目的，但势必造成纸币贬值、物价水平提高，从而使得人民用同额的货币收入所能购得的商品和劳务比以前减少。由于它实际上是政府以通货膨胀方式向人民征收的一种隐蔽性税收，所以

---

① 事实上有这样一个错觉，那就是大家认为第二次世界大战时的重债国家在战后通过快速的经济增长解决了主权债务问题。诺贝尔经济学奖得主阿玛蒂亚·森在英国卫报上曾经写道："历史给出了它的经验教训。很多背负巨额公债的国家在第二次世界大战结束后陷入极度的焦虑中，但是得益于快速的经济增长，债务迅速消失了。"(http://www.guardian.co.uk/commentisfree/2011/jun/22/euro-europes-democracy-rating-agencies.)

② Carmen Reinhart and Kenneth Rogoff 2010年的论文《债务时代的经济增长》指出，当债务比率达到90%时，经济增长将受影响。

称"通货膨胀税"。

通货膨胀使得政府可以在不采取财政紧缩政策的条件下偿还其债务，且不像债务重组那么复杂。从历史的角度看，通货膨胀被看作政府的"王牌"，可以在短时期内显著降低政府的主权债务负担。如果主权债务是以本币命名的，政府可以使用通货膨胀降低债务的实际价值。尽管政府有其他办法来创造通货膨胀，这种做法通常被指为"开动印钞机"来创造货币偿还债权人。很多经济学家把这种政策看作有效的债务违约方式，因为即使债权人受到偿还，他们可以购买的货物和服务比其预期的价值要低。

然而，将通货膨胀作为债务管理战略的一部分也是有问题的。央行发行货币购买国债，一方面有利于维持国债较高的价格和较低的收益率，另一方面会造成货币供给过量，引发通货膨胀。低收益率和高通货膨胀率使得持有国债实际可获得的收益极低，因此影响了私人部门购买国债的意愿。除非通货膨胀是投资者所未预期到的，否则投资者将会索取更高的利率。如果债权人事先没有预期到债务国的通货膨胀，事后发现（或者仅仅怀疑）出现了严重通货膨胀，则会有大量资本逃逸，抵消了通货膨胀带来的减债收益。重要的是，通货膨胀只能降低由央行控制的本币发行非浮动利率债务的偿还负担。因此，政府部门不能通过无限制的"债务货币化"来稀释国债，至于多大程度的货币化可以既能维持主权债务可持续性又不影响私人部门的购买意愿，还需要进一步研究，以寻找一个平衡点。

即使政府可以实施通货膨胀，那也将会提高未来的借贷成本。通货膨胀本身也有一些不利后果，包括消除储蓄的价值，造成商品短缺，给经济带来不确定性而减少未来投资。政府也可能难以控制经济体通货膨胀的水平：一轮通货膨胀可能提高了人们对未来通胀的预期，反过来导致更严重的通胀。此外，利用通货膨胀来降低债务的实际价值需要中央银行合作，但是大部分发达经济体中央银行的货币政策是独立的。

最后，使用通货膨胀的方法解决债务问题对共同货币计价的债务不可行。例如，欧元区单个国家以欧元命名发行债务，但是他们不掌握欧元区的货币政策，因此无法通过通货膨胀降低债务的实际价值。

第三节 对金融抑制的深入探讨

一、金融抑制的内涵及表现

（一）金融抑制的内涵

1973年，美国经济学家罗纳德·麦金农和爱德华·肖分别出版了《经济发展中的货币与资本》和《经济发展中的金融深化》，指出金融对经济发展既能起到促进作用，也能起到阻滞作用，关键是政府的政策选择及金融体制。罗纳德·麦金农和爱德华·肖分别提出了"金融抑制论"和"金融深化论"。金融抑制是指一个国家金融制度落后，政府对金融干预过多，压抑金融发展，而受到抑制的金融反过来又阻滞经济的发展。金融抑制的概念在后续研究中得到了扩展，指的是政府采取多种政策组合对金融市场进行干预以确保资金流向。

政府实施金融抑制政策的根本原因在于控制国内金融资源的流向。通过对金融系统的直接控制，政府可以绕开复杂的法律程序，限制金融市场参与者与潜在参与者的行为，限制私人部门的投资选择，以更低的成本将资金转移至目标借款人手中。此处的目标借款人就是政府本身。

(二) 金融抑制的表现

如前所述，金融抑制体现了非市场力量的影响。其最显著的表现就是人为力量造成超低的实际利率[①]。金融抑制的具体表现有以下两点。

1. 直接或间接设定利率上限

设定利率上限的途径主要有三种：第一种途径是行政法规。政府通过明确行政法规对存款利率设定最高限度。美国的金融条例中的第Q条条例(以下称Q条例)便是典型的金融抑制法规。1929年之后，美国经历了一场经济大萧条，金融市场随之进入管制时期。美联储颁布了一系列金融管制条例，其中第Q条对存款利率进行了管制：银行对于活期存款不得公开支付利息，并对储蓄存款和定期存款的利率设定最高限度。[②] 第二种途径是降低贷款成本。这种做法就是规定银行贷款利率的上限，当政府直接向银行借款时，降低了政府的融资成本，这也是对政府融资成本的一种变相补贴。通过规定贷款利率上限，结合设定存款利率最高值的做法，国内企业和个人的资金将会更多地流向政府债券。因为即使是短期国库券，其实际利率也可能超过银行的负利率。第三种途径是中央银行制定利率目标。中央银行在制定利率目标时，将目标利率设定在市场竞争的均衡利率水平之下。当实际利率达到负值时，资金将从债权人手中移至债务人手中。

2. 引导国内市场资金流向政府债券

当政府需要为债务融资时，会通过一些手段创造并保证国内市场

[①] 实际利率是剔除价格因素后的利率水平，数值上一般用名义利率减去通货膨胀率来计算，即：实际利率＝名义利率－通货膨胀率。金融抑制条件下实际利率十分低，甚至为负。

[②] 根据Q条例，禁止联邦储备委员会的会员银行对它所吸收的活期存款(30天以下)支付利息，并对上述银行所吸收的储蓄存款和定期存款规定了利率上限。彼时的利率上限是2.5%。

主体对政府债券的需求。具体来说，主要有三种途径可以将国内私人部门资金引向政府部门。第一种途径是提高商业银行法定存款准备金。由于中央银行只对商业银行的存款准备金支付较低的利息或者不支付利息，因此它变为对商业银行的隐性税收。准备金政策实质上成为政府凭借其垄断力量从银行的证券投资组合、生产性投资以及贷款中强行挪走的一部分资金，可以利用其为政府债务融资。第二种途径是管制资本账户，增加国内资金的流出成本，对国内投资者（如银行、养老金）和个人强行赋予"母国偏好"。第三种是隐蔽途径，例如"道德劝说"。以减少银行风险为由，道德劝说可以增加银行持有的政府债券比例，或者禁止黄金交易。

二、金融抑制的历史：过去与现在

（一）20世纪40—70年代的金融抑制

20世纪30年代，发达国家大多通过债务违约或者重组来应对沉重的债务负担。例如，1931年加拿大通过债务转换法案强行进行债务重组，将低于5%的有价证券转为3%，将利率为5%的债券转为3.875%，将利率为5.25%的债券变为4%。1932年，英国将在第一次世界大战中欠下的债务转换为利率3.5%的永久支付债券，同年法国将利率介于5%—7%的债券转为4.5%。第二次世界大战之后，金融抑制取代了直接的债务违约和重组，成为帮助发达国家摆脱债务危机的主要途径之一。由于金融抑制具有悄无声息的特征，被很多政策制定者视为一种隐蔽税收，推行起来比财政整顿更容易实现。

20世纪的"大萧条"以及随之而来的第二次世界大战埋葬了全球金融自由化的进程，英国、美国、日本、意大利等国纷纷实施了不同程度的金融抑制政策。英国第二次世界大战后实施了长期利率管制，以中央银行的再贴现率为基础，对存款利率和同业拆借利率执行以下规定：①存款利率协定。支票存款不支付利息，通知存款利率低于再贴现率2个百分点。②贷款利率协定。贷款和透支利率比再贴现率高0.5—1.0个百分点。③拆借利率协定。拆借利率比存款利率稍高，但最低利率应比再贴现率低1个百分点。除此之外，英国还在长达10年之久的时间内关闭本国的黄金市场，并且颁布了外汇控制法案，严格控制直接投资和证券投资类的资本流动，直到20世纪70年代末期，资本流动障碍才基本得到清除。美国则是通过著名的Q条例禁止对活期存款支付利息，对定期存款规定最高利率上限。美国总统罗斯福1933年禁止国内私人持有黄金，1961年，本国居民在国外持有黄金也遭到禁止，直到1974年禁令才被解除，1982年，Q条例才被终止。1947年，日本依照美国的Q条例制定了《临时利率调整法》，对普通存款利率和贷款利率进行法制管制，同时为刺激经济增长，长期实行低利率政策。除此之外，日本战后也对资本流动进行管制，直到1995年资本账户才实现完全开放。意大利的银行家协会则是对利率进行干预，设定存款利率最高上限和贷款利率最低下限，同时规定政府债券的最低价格，对外汇市场的干预直到20世纪70年代仍在进行。

20世纪40年代以来，发达国家金融抑制的主要目标就是压低名义利率的水平，使其低于市场条件下形成的均衡水平。如此一来，政府能够以极低的利率水平为赤字融资。当实际利率低于零时，还能产生市场资金对政府债务的流动效应，这实质上是对政府的补贴。

（二）当前金融抑制的回归

自2007年以来，发达国家的主权债务水平迅速上升。据IMF估算，G20集团国家2011年主权债务比率突破了100%，且上升势头已持续到 2016 年。债务失控的条件下，政府可以采取紧缩的财政政策以降低财政赤字，但是这样会引起民众不满以及对债权人和未来经济增长前景的怀疑。为了不损害经济增长，政府降低债务比率的可供选择的措施之一就是金融抑制。当前金融抑制的表现有以下两个方面。

1. 央行直接购买债务

第二次世界大战时，发达国家大多采取利率限制和外汇管制等金融抑制手段，在金融自由化和市场化程度较高的今天，发达国家较少地依赖利率和汇率管制手段，它们更多地通过中央银行直接购买政府债券这种非常规手段实施金融抑制。在这方面表现最典型的是美联储的三轮量化宽松。2008 年 11 月，美联储宣布实施第一轮量化宽松政策（QE1），开始购买美国政府支持企业"房地美""房利美"发行的机构债券及其担保的住房抵押贷款支持证券 MBS；2010 年 11 月，美联储宣布实施第二轮量化宽松政策（QE2），在 2011 年 6 月底，购买总额为 6 000 亿美元的美国国债，有助于降低美国长期证券资产的收益率以及长期住房抵押贷款的利率；2012 年 9 月，美联储宣布实施第三轮量化宽松政策（QE3），启动新一轮 MBS 购买计划，每月 MBS 购买规模为 400 亿美元，同年 12 月，美联储公开市场委员会宣布每月增加购买 450 亿美元的中长期国债，以使长期利率维持在足够低的水平，直至失业率降至 6.5％或通货膨胀率超过 2.5％。

英国央行和欧洲央行同样购买了大规模的政府债务。2009 年 1 月，英格兰银行建立了资产购买安排基金（APF），对国债这一"安全资产"进行购买。2009 年，国债购买规模达到 2 000 亿英镑，2011 年年末，APF 的总规模达到 2 750 亿英镑。此次危机中，欧洲央行进行了长期再融资操作（LRTO），直接购买危机国家的政府债券，以减轻其不断增加的债务压力。从实质上来说，美联储的量化宽松政策（QE）、英国央行的资产购买基金（APF）以及欧洲央行的长期再融资操作（LRTO）是一样的，都是通过央行直接购买政府债务控制资金流向，保证了资本市场上对政府债券的需求，降低了政府的融资成本。

2. 负的实际利率

金融抑制过程中，各国的中央银行在人为压低利率方面扮演了重要角色。当中央银行直接购买长期国债时，新发行的货币便流入市场，将会降低金融市场的实际利率。整个过程在如下的机制中完成：一方面，由于央行购买了大量的政府债券，市场上的政府债券供给量减少，促使债券价格上升，且债券收益率下降；另一方面，由于政府债券收益率是金融市场上的基准利率之一，是市场上资产价格的重要参考，当政府债券收益率下降时其他证券的收益率也将随之下降。通过这两步机制的作用，利率被非市场力量压低到均衡水平以下，最终出现负的实际利率。整个机制，如图7-1所示。

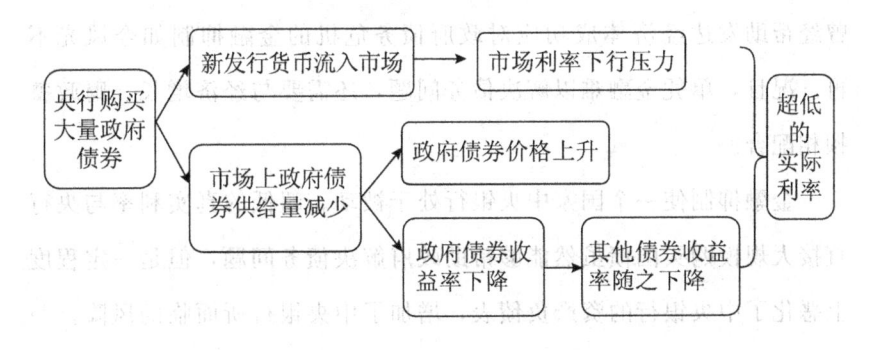

图 7-1 金融抑制导致超低利率的作用机制

以美国为例，美联储两次大规模国债购买计划实施之后，使原本已经极低的利率水平接近于零，短期国债利率从 2009 年年初的 0.23% 下降至 2011 年年末的 0.017%，长期国债利率则下降到 2.05%。英国央行的资产购买计划也使该国的短期国库券利率从 2009 年第 1 季度的 0.74% 降到 2011 年第 3 季度的 0.47%，长期国债利率从 2008 年的 4.58% 降到 2011 年的 2.33%。

3. 其他措施

还有一些更加隐蔽的金融抑制手段，增强国内资金的"母国偏好"。通常的做法是，中央政府授意本国的国有银行、投资机构持有更多的政府债券，例如英国；或者指示政府账户（如养老基金），投资政府债券，例如法国；或者利用养老基金进行银行资产重组，例如爱尔兰。

三、金融抑制的可行性

金融抑制在降低政府融资成本、减轻政府债务负担方面确实有效。然而，当今国际社会资本跨国流动频繁，全球金融一体化趋势加强，金融自由主义盛行，一国政府对资本市场的控制力大不如从前，曾经帮助发达经济体成功应对政府债务危机的金融抑制如今风光不再。况且，单凭金融难以解决债务问题，还需要与经济增长、财政整顿相配合。

金融抑制使一个国家中央银行处于被动。超低的真实利率与央行直接大规模购买国债虽然能够帮助政府解决债务问题，但是一定程度上恶化了中央银行的资产负债表，增加了中央银行所面临的风险。一旦中央银行需要实施紧缩的货币政策，超低的利率必然难以维持，中央银行的政策目标与政府的债务管理目标可能产生冲突，这种情况下中央银行不但面临宏观经济调控压力，还要承受政治压力，其货币政策的独立性也难免遭受质疑。

此外，金融抑制不利于一个国家其他政策的实施。金融抑制的实质是超低利率，政府干预最终将导致资产价格扭曲。利率是金融体系的核心，是金融市场上的价格信号，金融抑制的出现使得这一价格信号失灵，打消了私人投资的积极性，不利于经济增长。因此，金融抑制是一把"双刃剑"，短期内可以帮助政府降低债务比率，长期内可能会阻碍经济增长。

第四节 对经济途径的深入探讨

解决债务危机的经济途径是指依靠宏观经济指标的改善来降低债务比率，使之处于安全的"临界值"之下。此处的宏观经济指标仍然包括国内宏观经济指标和对外宏观经济指标，分别是经济增长率、通货膨胀率、出口增长率、经常账户比率和贸易条件。本节的目的是考察这些经济因素对主权债务比率的影响，以找出降低主权债务比率的有效经济途径。本节的分析是通过建立债务比率模型进行的。

一、模型设定

本章的第一节列举了影响主权债务可持续性的因素，包括一国政府面临的国内外宏观经济因素、债务结构因素以及汇率制度因素。本小节将要建立债务比率模型，把宏观经济因素纳入到模型中去，通过量化分析的方法来考察经济因素对债务比率将产生怎样的影响。

根据前述分析，表7-1列示了债务比率模型的解释变量及其含义、预期符号和理论说明。

表 7-1　债务比率模型的解释变量及其预期符号和理论说明

解释变量	含义	预期符号	说明
g	经济增长率	−	GDP 年变动率 高速经济增长提高一个国家的偿债能力,降低债务比率
π	通货膨胀率	+或−	价格水平的年变动率 通货膨胀一方面引起资本外逃,减少外资流入,另一方面稀释国内债务
ex	出口增长率	−	出口增长额的年变动率 ex 越高,偿还外债能力越强
ca	经常账户比率	−	经常账户平衡与 GDP 的比率,逆差时该比率为负数 ca 越大,偿还外债能力越强,主权债务风险越小
tt	贸易条件	−	出口商品单位价格与进口商品单位价格之比 tt 越高,国际竞争力越强,偿还债务的能力越强

将一个国家的主权债务比率设为变量,基于以上分析的债务比率模型可以设定如下:

$$y = \alpha + \beta_1 g + \beta_2 \pi + \beta_3 ex + \beta_4 ca + \beta_5 tt \tag{7-1}$$

根据上述理论分析和模型假设,系数 β_2 正负待定,其他系数都应为负数。

鉴于本书对主权债务可持续性的研究是基于多个国家进行的,本节对债务比率的实证分析也是基于多个国家的面板数据进行。在面板数据条件下,债务比率模型简单表示如下:

$$y_i = \alpha_i e + x_i \beta_i + u_i, \quad e = (1, 1, \cdots, 1)', \quad i = 1, 2, \cdots, N \tag{7-2}$$

其中,y_i 表示被解释变量,x_i 表示解释变量,截面成员共有 N 个。将式(7-2)写成矩阵的回归形式为

$$\begin{bmatrix} y_1 \\ y_2 \\ \vdots \\ y_N \end{bmatrix} = \begin{bmatrix} \alpha_1 e \\ \alpha_2 e \\ \vdots \\ \alpha_N e \end{bmatrix} + \begin{bmatrix} x_1 & 0 & \cdots & 0 \\ 0 & x_2 & \cdots & 0 \\ \vdots & \vdots & & \vdots \\ 0 & \cdots & 0 & x_N \end{bmatrix} \begin{bmatrix} \beta_1 \\ \beta_2 \\ \vdots \\ \beta_N \end{bmatrix} + \begin{bmatrix} u_1 \\ u_2 \\ \vdots \\ u_N \end{bmatrix} \tag{7-3}$$

式 (7-3) 中含有 N 个截面方程。

二、样本与数据

(一) 样本国家

考虑到面板数据的截面成员个数和时间序列长度,由于受到数据可得性影响,本书选取了 8 个国家作为债务比率面板模型的样本国家。它们分别是美国、日本、希腊、爱尔兰、西班牙、阿根廷、玻利维亚、巴西。所选取的时间序列是 1975—2009 年,共 35 年。

(二) 数据来源及处理方法

1. 数据来源

本书所建立的债务比率模型涉及 6 类指标变量,因变量是主权债务比率,自变量是经济增长率、通货膨胀率、出口增长率、经常账户比率和贸易条件。各国经济增长率来自世界银行 (WB) 的世界发展指数 (WDI);通货膨胀率和大部分主权债务比率来自莱因哈特和罗格夫的数据库[1];出口增长率、经常账户比率以及贸易条件是根据国际货币基金组织 (IMF) 的国际金融统计 (IFS) 各年度数据计算得出的;外债比率来自 RR 数据库以及世界银行 (WB) 的世界发展指数 (WDI);少量数据来自 OECD 数据库。

2. 处理方法

模型中所用的数据全部都是以比率的形式出现的,所以不涉及价值变量的时间因素处理问题。

---

[1] RR(Reinhart, Rogoff) 数据库:http://www.reinhartandrogoff.com/。

三、面板回归

基于面板数据建立的模型有三种，分别是无个体影响的不变系数模型、变截距模型以及变系数模型。由于样本数据包含截面、时期、变量3个方向上的信息，如果模型形式设定不正确，估计结果将与要模拟的经济现实偏离甚远。因此，先要对模型形式进行检验，然后再进行估计。

（一）模型形式选择标准

无个体影响的不变系数模型的单方程回归形式可以写成

$$y_i = \alpha e + x_i \beta + u_i, \quad i=1, 2, \cdots, N \qquad (7\text{-}4)$$

变截距模型的单方程回归形式可以写成

$$y_i = \alpha_i e + x_i \beta + u_i, \quad i=1, 2, \cdots, N \qquad (7\text{-}5)$$

变系数模型的单方程回归形式可以写成

$$y_i = \alpha_i e + x_i \beta_i + u_i, \quad i=1, 2, \cdots, N \qquad (7\text{-}6)$$

将式（7-6）的残差平方和记为 S_1，式（7-5）的残差平方和记为 S_2，式（7-4）的残差平方和记为 S_3。在假设 H_2 下检验统计量 F_2 服从相应自由度下的 F 分布，在假设 H_1 下检验统计量也服从相应自由度下的 F 分布，分别是：

$$F_2 = \frac{(S_3 - S_1)/[(N-1)(k+1)]}{S_1/[NT - N(k+1)]} \sim F[(N-1)(k+1), N(T-k-1)] \qquad (7\text{-}7)$$

$$F_1 = \frac{(S_2 - S_1)/[(N-1)k]}{S_1/[NT - N(k+1)]} \sim F[(N-1)k, N(T-k-1)] \qquad (7\text{-}8)$$

要确定本书适用的债务比率模型，首先需要检验被解释变量 y_i 的参数 α_i 和 β_i 是否对所有截面都是一样，即检验样本数据究竟符合哪种面板模型形式，从而避免模型设定的偏差，改进参数估计的有效性。经常使用的检验方法是协方差分析检验，主要检验如下两个假设：

$$H_1: \beta_1 = \beta_2 = \cdots = \beta_N$$

$$H_2: \alpha_1 = \alpha_2 = \cdots = \alpha_N$$

如果不拒绝假设 H_2 则可以认为样本数据符合无个体影响的不变系数模型 (7-4)，无须进行进一步的检验。如果拒绝假设 H_2，则须检验假设 H_1。如果不拒绝假设 H_1，则认为样本数据符合变截距模型 (7-5)，反之则认为样本数据符合变系数模型 (7-6)。

(二) 模型估计

本书使用 8 个国家 5 个解释变量 35 年的观测值，利用形式设定检验方法 ($N=8$, $k=5$, $T=35$)，由式 (7-7) 和式 (7-8) 计算得到的两个 F 统计量分别为

$$F_2 = 2.30 \qquad F_1 = 6.07$$

在 Excel 中计算出 5% 的显著性水平下相应的临界值为

$$F_{2a}(49, 224) = 1.44 \qquad F_{1a}(42, 224) = 1.47$$

由于 $F_2 > 1.44$，故而拒绝 H_2；又由于 $F_1 > 1.47$，故而也拒绝 H_1。因此，模型采用变系数的形式。使用 PLS (Pooled Least Squares) 方法估计。

模型估计结果显示，8 个截面成员的出口增长率这一变量 t 检验均不通过，因此认为出口增长率对主权债务的影响不够显著，可以从模型中剔除。其他几个解释变量对主权债务比率均表现出显著影响，只不过对于不同的截面成员影响程度不同。表 7-2，列出了其余 5 个对主权债务比率影响显著的解释变量、受影响显著的国家、解释变量的系数、t 统计量以及计量结果的含义。

表 7-2 显著的解释变量及受影响显著的截面成员国家

显著的解释变量	显著的截面成员	解释变量的系数	标准差	P 值	含 义
经济增长率(g)	日 本	−8.1008***	2.0773	0.0001	高速经济增长对降低日本和希腊主权债务比率作用显著
	希 腊	−3.8131*	2.1302	0.0748	
通货膨胀率(π)	美 国	−5.8857**	2.7269	0.0319	一定程度的通货膨胀对降低美国、日本和希腊的主权债务比率作用显著
	日 本	−4.9933**	2.4221	0.0404	
	希 腊	−2.8178***	0.8432	0.001	
出口增长率(ex)	玻利维亚	0.4812*	0.2748	0.0813	出口增长率增大会提高玻利维亚的主权债务比率
经常账户比率(ca)	阿根廷	5.4029***	1.7509	0.0023	经常账户比率增大可以降低玻利维亚的主权债务比率，但是会提高阿根廷和巴西的主权债务比率
	玻利维亚	−3.2151***	0.8706	0.0003	
	巴 西	4.9808**	2.1104	0.0191	
贸易条件(tt)	日 本	−0.5078***	0.1721	0.0035	贸易条件改善有助于降低日本和希腊的主权债务比率，但对爱尔兰情况有所不同
	希 腊	−0.5433*	0.2831	0.0562	
	爱尔兰	2.5181***	0.8054	0.002	

说明：***，**，*分别表示在 1%，5%，10%水平下显著。

（三）结果分析

由表 7-2 可以看出，影响主权债务比率的因素，除了已有文献分析的利率—经济增长率及财政盈余（赤字）因素之外，还有通货膨胀水平、出口增长率、经常账户比率及贸易条件。

1. 经济增长率

经济增长率并不是对所有国家的主权债务比率都有显著影响，然而其对日本和希腊的主权债务比率影响十分显著。根据表 7-2 中的系数，在其他条件不变的前提下，日本的经济增长率每上升 1 个百分点，主权债务比率可以下降 8 个百分点；希腊的经济增长率每上升 1 个百分点，主权债务比率可以下降 3.8 个百分点。这个估计结果说明，日本的主权债务比率一直高升不降，与其一直以来的低增长率有着一定的关联。未来日本如果能够增强经济活力，提高增长率，也许能够在一定程度上降低债务比率。

2. 通货膨胀率

前面的模型假定里，通货膨胀率前面的系数可能为正，也可能为负，原因是通货膨胀对主权债务比率的影响方向未定。模型估计结果显示，在美国、日本和希腊，通货膨胀因素对主权债务的影响是显著的，都可以降低主权债务比率。在其他条件不变的前提下，美国的通货膨胀率每上升 1 个百分点，主权债务比率将下降 5.9 个百分点；日本的通货膨胀率每上升 1 个百分点，主权债务比率将下降 5 个百分点。值得一提的是，虽然模型估计结果显示通货膨胀也可以降低希腊的主权债务比率，但由于希腊属于欧元区国家，不具有独立的货币政策权，因此希腊不能通过通货膨胀降低债务比率。美国实施了三轮量化宽松政策来降低失业率刺激经济增长，取得了一定的效果，其债务比率预计将从 2015 年开始下降。对于日本，经济增长率一直较低，"安倍经济学"主张的宽松货币政策来刺激经济增长的效果有待观察。然而，试图通过高速通货膨胀强烈刺激经济的做法虽然可以在短期内提高经济增长率速度，但是在高速经济增长难以维持的情况下这么做是很危险的，因为通货膨胀可能降低政府的债务阈值，加快危机发生，这在第六章的债务阈值模型里已经分析过。

3. 出口增长率

本模型中，在 10% 的显著性水平下，出口增长率对玻利维亚的主权债务比率影响显著。但是不难发现，出口增长率的系数为正，说明出口增长率提高将会导致债务比率上升，这显然是不符合经济学原理的原理，在此忽略不计。

4. 经常账户比率

本模型中，经常账户比率对阿根廷、玻利维亚和巴西的主权债务比率影响显著，但只有玻利维亚的系数符号与预期一致，说明玻利维亚可以通过改善经常账户来降低主权债务比率，且经常账户比率每上升1个百分点可使玻利维亚的主权债务比率下降3.2个百分点。对于阿根廷和巴西而言，经常账户比率的系数符号为正，不符合经济学原理，在此忽略不计。

5. 贸易条件

日本、希腊和爱尔兰的数据显示，主权债务比率也受到贸易条件的影响。在其他条件不变的前提下，当贸易条件上升1个百分点，日本和希腊的主权债务比率分别下降0.51个百分点和0.54个百分点，爱尔兰的主权债务比率却上升2.5个百分点。显然，爱尔兰的系数符号不符合经济学原理，在此忽略不计。

(四) 小结

基于面板数据的估计结果显示，对于不同国家而言，影响其主权债务比率的因素不尽相同。已有文献中经济增长率对债务比率发散与否的重要影响作用在这里似乎并不普遍适用，但是模型显示其对日本和希腊的作用是非常显著的。模拟结果显示，通货膨胀率是一些国家（如美国、日本和希腊）降低主权债务比率的有力手段。模型估计结果还表明，出口增长率不是降低债务比率的有效途径，经常账户比率上升也未必会导致主权债务比率下降，贸易条件改善对降低主权债务比率起到一些作用，但是作用十分有限。

总的来说，对一些国家而言，高速的经济增长和适度的通货膨胀率是降低主权债务比率的最佳途径。这意味着，除了依靠经济增长，借助通货膨胀的手段降低主权债务比率在某些国家（例如美国、日本和希腊）是可行的，可以降低主权债务负担。然而，正如前文所述，试图通过高速通货膨胀对经济进行短期强刺激的做法是很危险的，因为它可能降低政府的债务阈值，加快债务危机的发生。

第八章 结论与展望

在前面几部分特征事实、理论分析和实证研究的基础上,本章给出了全书的主要结论,并提出了今后的研究方向。

第一节 主要结论

本书的主要结论有四个方面,分别是关于债务阈值的差异性、债务违约概率的影响因素、债务阈值高低的影响因素,以及降低债务比率的经济路径。

一、不存在单一普适的"安全"债务比率

债务比率究竟多高是安全的,在本书即将完成之际,还是没有确切的答案。但是有一点是肯定的,欧盟《稳定与增长公约》中设定的60%的警戒线并不是普遍适用的。根据历史上160个债务危机年份的债务阈值分布统计来看,不同国家以及同一个国家的不同时期的债务阈值差异很大,有30%的样本点债务阈值是低于40%的,有将近一半的样本点债务阈值在60%以下。

一个国家究竟能够承受多高的债务比率,还需要结合其自身历史

以及当前面临的宏观经济形势、制度条件等因素综合决定。此外，基于债务阈值的角度进行主权可持续分析还需要考虑一个国家的初始债务水平可能已经超过，或者即将超过历史上该国的可耐债务负担。

二、影响主权债务违约概率的主要因素

Probit 模型的估计结果表明，对债务违约概率影响较为显著的几个变量分别是：主权债务比率、前 7 年的经济增长率波动状况、出口增长率、总外债比率，以及债务结构（主权债务/总外债）状况。主权债务比率、前 7 年经济增长率波动和总外债比率的系数符号为正，说明解释变量越大，因变量取 1 的概率越大。这表明，主权债务比率越高，违约的概率就越大；前 7 年经济增长率波幅越大，债务的风险就越大。出口增长率和债务结构（主权债务/总外债）的系数符号为负，说明解释变量越大，因变量取 1 的概率越小。这表明，在其他条件相同的情况下，具有更高出口增长率的国家能够承受更重的债务负担；而依靠国内融资的债务具有更强的可持续性。

将债务违约 Probit 模型所用 453 组样本数据分为 A，B 两组，A 组是未发生债务危机的样本组，B 组是发生债务危机的样本组。对于 A 组数据估算到的违约概率均值是 0.28，对于 B 组估算到的违约概率均值是 0.54。可以初步判断，如果一个国家的债务违约概率高于 0.54 的平均值，则具有较高的违约风险，反之，当债务违约概率低于 0.28 的平均值，则违约风险较低。从这个角度而言，债务违约概率模型能够起到预警作用。然而，依照这种方法来判断一个国家是否会违约有些武断。实际分析中，债务违约概率只能够起到参考的作用，还需要结合各个国家的具体情况进行综合评价。

三、影响债务阈值高低的主要因素

债务阈值模型估计结果表明，对债务阈值影响较为显著的几个变量分别是：发生债务违约或者危机前5年的经济增长率波动状况、违约或者危机当年的通货膨胀率水平、总外债比率，以及债务结构（主权债务/总外债）因素。债务违约或者危机前5年的经济增长率波动幅度越大，经济形势越不稳定，可以承受的主权债务负担越低，故而降低债务阈值。违约或者危机当年的通货膨胀率水平越高，债务阈值也越低，这可能是由于过高的通货膨胀率使得持有国债的实际收益极低，投资者不愿持有国债，导致债务危机。总外债比率越高，债务阈值越高，再次印证了主权债务比率与外债比率的紧密联动关系，正如本书第四章第二节所描述的那样。主权债务/总外债大，说明国内融资来源多，债务可以在较高的比率上健康运行。

由债务阈值方程估算的债务危机年份债务阈值与实际观测值比较相近，说明通过债务阈值来判断主权债务可持续性具有较高的可信度。如果估算到的债务阈值高出实际债务比率很多，则说明主权债务是可持续的；如果估算到的债务阈值与实际债务比率比较接近，则说明经济体已经达到了其所能承受的债务上限，应该对债务比率进行严格的控制；如果估算到的债务阈值小于实际债务比率，则说明主权债务已经超出了经济体所能承受的水平，债务存在较大风险。

四、降低债务比率的有效途径

一旦一个国家的主权债务比率达到或者超过阈值水平，将很可能发生债务危机。只有将债务比率降到阈值以下才能确保债务可持续。降低债务比率的途径有直接和间接两种。直接途径就是一经实施便可立即将债务比率降至阈值以下的途径,包括财政整顿、出售资产、外部援助和赖账(违约)。间接途径是指通过间接的手段降低政府偿债成本或者提高政府偿债能力的途径。间接途径包括行政途径(金融抑制)和经济途径(经济增长和通货膨胀)。

建立债务比率面板数据可以考察通过经济途径来降低债务比率的可行性。由8个国家35年的面板数据模拟的债务比率模型显示,对于不同国家而言,影响其主权债务比率的因素不尽相同。总体而言,经济增长和通货膨胀是对债务比率影响最为显著的变量。提高经济增长率对于降低日本和希腊债务比率的作用非常显著;而通货膨胀也是降低主权债务比率的有力手段,对美国、日本和希腊的减负作用非常显著。然而,试图通过高速通货膨胀对经济进行短期强刺激的做法是很危险的,因为它可能降低政府的债务阈值,加快债务危机发生。模型估计结果还表明,出口增长率不是降低债务比率的有效途径,经常账户比率上升也未必会导致主权债务比率下降,贸易条件改善对降低主权债务比率起到一些作用,但是作用十分有限。

第二节 研究展望

一、待改进之处

本书建立的债务阈值模型取得了一定的成功,在第六章第二节的表6-6中已经展示得很清楚,根据债务阈值模型估算到的债务阈值与当年实际的债务比率非常接近,甚至有的样本点债务阈值模拟值与观测值只差0.1个百分点。然而,本书建立的债务阈值模型对欧元区重债五国并不都适用。表6-6也列了欧元区重债国家的债务阈值模拟值与实际观测值,只有意大利的模拟值与观测值较为接近,其他几个国家差别都较大,尤其是爱尔兰。如果按照债务阈值模型估算,爱尔兰的债务阈值应该非常之高,然而其2009年爆发债务危机时的债务比率也不过是46%。

估算的债务阈值与实际债务比率差异较大的原因主要有两点:一是本书所建的债务阈值模型样本数据大都来自拉美国家,模型结果受拉美国家债务及经济特征影响较大,根据模型估算的债务阈值对于拉美国家而言与实际债务比率较为接近;二是本轮欧元区债务危机中部分国家外部债务比率相当高,与样本中绝大多数国家差别迥异,导致模型失灵。例如,爱尔兰2008年的总外债比率达到880%,2009年开始则超过了1 000%,如此沉重的外债负担,使这个国家的债务超出了理性的范围。

那么对于像爱尔兰这种外债负担过于沉重的国家,其债务阈值是不是就无迹可寻了呢?事实并非这样。外债负担沉重必然与经济体的国际投资头寸有关。如果经济体对外是净债权的,那么即使外债负担很重,也可以避免债务危机的发生。相反,如果经济体对外是净债务的,说明对外资产难以抵免对外负债,"资不抵债"的后果自然是债务不可持续。因此,可以对债务阈值模型加以改进,将经济体的对外净负债水平考虑进去,应该能够更好地解释一些国家在很低的债务比率上违约的原因。

二、未来研究方向

未来的研究应该在已有研究的基础上进一步深入。对于本书而言,未来一个重要的研究方向是探讨债务货币化的可行性。

第八章　结论与展望

本书的第七章列举了降低债务比率解决债务危机的几种途径，通货膨胀是其中的一种。利用通货膨胀解决债务危机，不像财政整顿那样成本高昂，不像金融抑制那样扭曲资产价格，不需要出售资产，不需要附加条件的外部援助，实施起来似乎更加方便快捷。相对于依靠经济增长来降低债务比率，通货膨胀效果更快。

虽然通货膨胀解决债务危机问题具有种种优势，但并不是可以肆无忌惮地进行的。任何一种途径都有它的收益和成本，通货膨胀也不例外。对于发生债务危机的国家，如果中央银行出面购买国债，相当于投放了同等数额的基础货币，实质是直接向市场注入流动性，这种开动印钞机稀释债务的货币化行为如同一把"双刃剑"，具有两面性。

债务货币化可以取得一定的收益。这个收益就是，货币当局购买国债的行为增加了对国债的需求，一方面，可以维持国债较高的价格；另一方面，可以维持国债较低的利率。这对政府十分有利，可以帮助他们提高发债收入，降低发债成本。

债务货币化必须付出一定的成本。这里的成本是，债务货币化造成货币供给过量，引发高速通货膨胀。国债的低收益率和高通货膨胀率使得持有国债实际可获得的收益极低，因此影响了私人部门购买国债的意愿。此外，一旦投资者意识到高速的通货膨胀，可能会抛售国债，或者在未来要求更高的利率。

上述的分析已经阐明，债务货币化的程度应该有个限制。这里需要深入探讨的问题就是，多大程度的债务货币化是合适的，既可以降低政府的融资成本又可以维持投资者的购买意愿，如此一来既可以提高收益又不会抬高成本。因此，债务货币化程度应该有一个最佳点，在这个最佳点上，债务得以维持，债权人和债务人的效用也可以实现最大化。相信这会是一个既具挑战性又不乏趣味性的课题。

参考文献

一、中文著作

[1] 陈芝芸. 拉丁美洲对外经济关系 [M]. 北京：社会科学文献出版社，2007.

[2] 高铁梅. 计量经济分析方法建模：Eviews 应用及实例 [M]. 北京：清华大学出版社，2009.

[3] 龚仰树. 国债学 [M]. 北京：中国财政经济出版社，2000.

[4] 金普森. 近代中国外债研究的几个问题 [M]. 杭州：浙江大学出版社，2011.

[5] 刘景华. 外来因素与英国的崛起：转型时期英国的外国人和外国资本 [M]. 北京：人民出版社，2010.

[6] 马金华. 中国外债史 [M]. 北京：中国财政经济出版社，2005.

[7] 杨宝荣. 债务与发展：国际关系中的非洲债务问题 [M]. 北京：社会科学文献出版社，2011.

[8] 杨光，温伯友. 中东非洲发展报告：2000—2001 年 [M]. 北京：社会科学文献出版社，2001.

[9] 张宝宇，周子勤，吕银春. 拉丁美洲外债简论 [M]. 北京：社会科学文献出版社，1993.

[10] 卡门·M. 莱因哈特，肯尼斯 S. 罗格夫. 这次不一样：八百年金融危机史 [M]. 綦相，刘晓锋，刘丽娜，译. 北京：机械工业出版社，2012.

[11] 威廉·N. 戈兹曼，K. 哥特·罗文霍斯特. 价值起源 [M]. 王宇，王文玉，译. （修订版）沈阳：北方联合出版传媒（集团）股份有限公司，万卷出版公司，2010.

[12] 詹姆斯·W. 汤普逊. 中世纪晚期欧洲经济社会史 [M]. 徐家玲，等译.

北京：商务印书馆，2009.

[13] 尼尔·弗格森. 货币崛起 [M]. 高诚，译. 北京：中信出版社，2012.

[14] 大卫·斯塔萨维奇. 公债与民主国家的诞生 [M]. 毕竞悦，译. 北京：北京大学出版社，2007.

[15] 亚当·斯密. 国民财富的性质和原因的研究：下卷 [M]. 郭大力，王亚南，译. 北京：商务印书馆，2009.

[16] M.M. 波斯坦. 剑桥欧洲经济史：第三卷：中世纪的经济组织和经济政策 [M]. 周荣国，张金秀，译. 北京：经济科学出版社，2002.

[17] 卡洛·M. 奇波拉. 欧洲经济史：第一卷 [M]. 徐璇，译. 北京：商务印书馆，1988.

二、中文论文

[18] 郭庆旺，吕冰洋，何乘才. 我国的财政赤字"过大"吗？[J]. 财贸经济，2003（8）：37—41.

[19] 何代欣. 主权债务适度规模研究 [J]. 世界经济，2013（4）：69—87.

[20] 黄薇，任若恩. 主流汇率制度分类方法及相关争论 [J]. 国际金融研究，2010（3）：83—94.

[21] 贾康，赵全厚. 国债适度规模与我国国债的现实规模 [J]. 经济研究，2000（10）：46—54.

[22] 马拴友. 中国公共部门债务和赤字的可持续性分析：兼评积极财政政策的可持续性及其冲击 [J]. 经济研究，2001（8）：15—24.

[23] 李平，刘作明. 货币区成员国政府债务的可持续性分析 [J]. 经济学动态，2004（6）：24—26.

[24] 孙海霞，斯琴图雅. 欧元区主权债务危机：一个理论分析框架 [J]. 欧洲研究，2010（5）：42—53.

[25] 涂立桥. 我国赤字财政可持续性的探讨 [J]. 税务研究，2008（9）：80—82.

[26] 王晓霞. 财政可持续性研究述评 [J]. 中央财经大学学报，2007（11）：

23—27.

[27] 易千. 主要发达国家政府债务规模和风险问题研究 [D]. 北京: 财政部财政科学研究所, 2013.

[28] 余永定. 财政稳定问题研究的一个理论框架 [J]. 世界经济, 2000 (6): 3—12.

[29] 张春霖. 如何评估我国政府债务的可持续性？[J]. 经济研究, 2000 (2): 66—71.

[30] 中国社会科学院拉丁美洲研究所. 拉美问题译丛 [Z]. 1991 (2): 38.

[31] 周茂荣, 骆传朋. 欧盟财政可持续性的实证研究 [J]. 世界经济研究, 2006 (12): 69—74.

[32] 周茂荣, 骆传朋. 我国财政可持续性的实证研究: 基于1952—2006年数据的间序列分析 [J]. 数量经济技术经济研究, 2007 (11): 47—55.

三、外文资料

[33] Ahmed S, Rogers J H. Government budget deficits and trade deficits: Are present value constraints satisfied in long term data? [J]. Journal of monetary economics, 1995 (36): 351-374.

[34] Akyüz Y. Debt sustainability in emerging markets: a critical appraisal [Z]. DESA Working Paper, 2007, No. 61.

[35] Bascand G, Razin A. Indonesia's Fiscal Position: Sustainability Issues, in: John Hicklin, J D Robinson and A Singh (eds.), Macroeconomic Issues Facing ASEAN Countries [M]. Washington: International Money Fund, 1997.

[36] Bohn H. The sustainability of budget deficits with lump-sum and with income-based taxation [J]. Journal of money, credit, and banking, 1991, 23 (3): 580-604.

[37] Bohn H. The sustainability of budget deficits in a stochastic economy [J]. Journal of money, credit, and banking, 1995, 27 (1): 257-271.

[38] Bohn H. The Sustainability of Fiscal Policy in the United States [Z]. CESifo

Working Paper, 2005, No. 1446.

[39] Bowdler C, Esteves R P. Sovereign Debt: the Assessment [J]. Oxford Review of Economic Policy, 2013 (3): 463-477.

[40] Bravo A B S, Silvestre A L. Intertemporal sustainability of fiscal policies: some tests for European countries [J]. European journal of political economy, 2002 (3): 517-528.

[41] Buiter W H. Measuring Aspects of Fiscal and Financial Policy [Z]. NBER Working Paper, 1984, No. 1332.

[42] Buiter W H, Persson T. Minford P.. A guide to public sector debt and deficits [J]. Economic policy, 1985 (1): 13.

[43] Caner M, T Grennes, F Koehler Geib. Finding the Tipping Point: When Sovereign Debt Turns Bad [C]. World Bank Conference Volume on Debt Management, 2010, 63-75.

[44] Chalk N, R. Hemming. Assessing Fiscal Sustainability in Theory and Practice [Z]. IMF Working Paper, 2000, No. WP/00/81.

[45] Conklin, James. The Theory of Sovereign Debt and Spain Under Philip II [J]. The Journal of Political Economy, 1998 (3): 483-513.

[46] Contessi S. An application of conventional sovereign debt sustainability analysis to the current debt crises [J]. Federal reserve bank of St. Louis review, 2012 (3): 197-220.

[47] Cordella T, L A Ricci, M Ruiz-Arranz. Debt Overhang or Debt Irrelevance? Revisiting the Debt-growth Link [Z]. IMF Working Paper, 2005, No. WP/05/223.

[48] Draksaite A. Assessment of the Sustainability of Government Debt in a Stochastic Economy [J]. Intellectual Economics, 2011 (3): 401-415.

[49] ECB. Ensuring fiscal sustainability in the Euro area [Z]. ECB Monthly Bulletin, April 2011.

[50] ECB. Analyzing government debt sustainability in the Euro Area [Z]. ECB

Monthly Bulletin, April 2012.

[51] Ferrucci, G, Penalver A. Assessing sovereign debt under uncertainty [R]. Financial stability review, December 2003, 91-99.

[52] Flood R P, P M. Market Fundamentals versus Price Level Bubbles: the First Tests [J]. Journal of Political Economy, 1988 (4): 745-770.

[53] Goldstein M. Debt Sustainability, Brazil, and the IMF [Z]. Istitute for International Economics Working Paper, 2003, No. 03-1.

[54] Greiner A, Kller U. Semmler W. Debt sustainability in the European Monetary Union: theory and empirical evidence for selected countries [Z]. CEM Working Paper, 2007, No. 71.

[55] Hamilton J D, Flavin M A. On the Limitations of Government Borrowing: a Framework for Empirical Testing [J]. The American Economic Review, 1986 (4): 808-819.

[56] Husted S. The emerging U. S. current account deficit in the 1980s: a cointegration analysis [J]. The review of economics and statistics, 1992 (1): 159-166.

[57] IMF. Assessing Sustainability [Z]. IMF Staff Paper, 2002, No. 05/28.

[58] Kremers J J M. U. S. federal indebtedness and the conduct of fiscal policy [J]. Journal of monetary economics, 1989 (23): 219-238.

[59] Ley E. Fiscal (and external) sustainability [Z]. MPRA Paper, 2010, No. 23956.

[60] Manasse P, Roubini N. Rules of Thumb for Sovereign Debt Crises [J]. Journal of International Economics, 2009 (2): 192-205.

[61] Marcelino S R, Hakobyan I. Does Lower Debt Buy Higher Growth? The Impact of Debt Relief Initiatives on Growth [Z]. IMF Working Paper, 2014, No. WP/14/230.

[62] McCallum B T. Are bond financed deficits inflationary? A Ricardian analysis [J]. Journal of political economy, 1984 (1): 123-135.

[63] Pescatori A, D Sandri, Simon J. Debt and Growth: is there a Magic Threshold? [Z]. IMF Working Paper, 2014, No. WP/14/34.

[64] Philip R L, Milesi-Ferretti. The external wealth of nations mark II: Revised and extended estimates of foreign assets and liabilities, 1970—2004 [J]. Journal of International Economics, 2007 (2): 223-250.

[65] Reinhart C M, Rogoff K, Savastano M A. Debt intolerance [Z]. NBER Working Paper, 2003, No. 9908.

[66] Reinhart C M, Rogoff K S. This Time is Different: a Panomic View of Eight Centuries of Financial Crises [Z]. NBER Working Paper, 2008, No. 13882.

[67] Reinhart C M, Rogo K. This Time Is Different Eight Centuries [Z]. MPRA Paper, 2009, No. 17452.

[68] Reinhart C M, Rogoff K. This time is different: eight centuries of financial folly [M]. New Jersey: Princeton University Press, 2009.

[69] Reinhart C M, Rogoff K. Debt and growth revisited [Z]. MPRA Paper, 2010, No. 24376.

[70] Reinhart C M, Rogoff K. Growth in a time of debt [Z]. NBER Working Paper, 2010, No. 15639.

[71] Reinhart C M, K S Rogoff. From financial crash to debt crisis [Z]. NBER Working Paper, 2010, No. 15795.

[72] Reinhart C M, Sbrancia M B. The liquidation of government debt [Z]. NBER Working Paper, 2011, No. 16893.

[73] Sachs J D, Williamson J. External debt and macroeconomic performance in Latin America and East Asia [J]. Brookings Papers on Economic Activity, 1985 (2): 523-573.

[74] Saxegaard M. Safe Debt and Uncertainty in Emerging Markets: an Application to South Africa [Z]. IMF Working Paper, 2014, No. WP/14/231.

[75] Trehan B, Walsh C E. Commen trends, the government's budget constraint,

and revenue smoothing [J]. Journal of economic dynamics and control, 1988 (2-3): 425-444.

[76] Trehan B, Walsh C E. Testing intertemporal budget constraints: theory and applications to U. S. budget and current account deficits [J]. Journal of economic dynamics and control. 1991, (2): 206-223.

[77] West K D Bubbles. Fads and Stock Price Volatility Test: a Partial Evaluation [J]. The Journal of Finance, 1988 (3): 639-656.

[78] Wicox D W. The sustainability of government deficits: implications of the present value borrowing constraint [J]. Journal of money, credit and banking, 1989 (3): 291-306.

[79] Wyplosz C. Debt sustainability assessment: the IMF approach and alternatives [Z]. HEI Working Paper, 2007, No. 03/2007.

后 记

青春不知岁月何往，芳华依旧。步履匆匆，自 2014 年 6 月博士毕业已两年有余。回想 2011 年初秋，当我第一次踏入良乡大学城东北角的中国社会科学院研究生院新校区，我认为自己的人生将开始一段辉煌的新历程。直至完成学业并经历了两年博士后科研生涯，我才深刻地体会到，这本是一条艰辛的道路。如果没有足够的勇气和顽强的毅力，便不能走到最后。

这本书稿是在本人博士学位论文的基础上完成的。从选题到完稿，当中凝结了导师姚枝仲教授和本人的大量心血。得益于导师的启发和耐心指导，受教于导师严谨的治学态度，我才能够踏实认真地完成博士学位论文的写作，并不断对论文进行修改完善。在此对姚老师表示崇敬的谢意！

2014 年 7 月，我进入中国社会科学院财经战略研究院，开始从事博士后科研工作。在站两年期间，受到合作导师杨志勇研究员的鼓励和提点，并得到财政、税收研究室张斌、马珺、范建鏋、蒋震、刘柏惠等学术前辈及同仁的帮助关爱。点滴于心，深表感动！

书稿即将出版之际，心中充满喜悦的同时，也难免有些遗憾。遗憾的是自己的一些研究设想尚未实现，印证了科研人的成长之路并非坦途，也因此坚定了不怕挫折、奋勇向前的信念。博士论文的出版是对自己学术研究的鼓励和慰藉,希望以此激励自己在未来的科研道路上孜孜不倦,勤勉耕耘。不忘初心,定能遇见更好的自己。